CÓMO DIBUJAR
MANGA

1. Personajes

Curso de perfeccionamiento para principiantes

EL PROPÓSITO DE ESTA OBRA

Este libro está destinado a todos aquellos que quieren empezar a dibujar cómics, a los que ya tienen una base pero desean ampliar sus conocimientos, o incluso a los que a pesar de practicar día a día no avanzan y quieren repasar las bases. En otras palabras, nuestro objetivo es ayudar a todos los no profesionales a mejorar su estilo y su técnica.

Este volumen se centra en los personajes. Lo primero que hay que preguntarse cuando uno se dispone a dibujar manga es si sus personajes están dotados de vida, si son tridimensionales o si las partes del cuerpo están bien conjuntadas. A lo largo de este curso, un veterano del mundo del manga nos enseñará a mejorar estos aspectos.

En el capítulo primero aprenderemos a dibujar personajes en tres dimensiones. El segundo capítulo se centrará en el cuerpo, en la estructura muscular, que nos permitirá plasmar cuerpos dotados de naturalidad. El tercer capítulo, dedicado a los personajes, nos ayudará a crear nuestros personajes del mismo modo que los profesionales crean los suyos.

¿No os lo creéis? Va totalmente en serio, pero para comprobarlo sólo tenéis que intentarlo.

Asociación para el estudio de las técnicas del manga.

Hideki Matsuoka
Tatsuhiro Ozaki
Takehiko Matsumoto

CÓMO DIBUJAR MANGA 1. PERSONAJES. (Colección Biblioteca Creativa nº2). 4ª edición. Noviembre 2003. Publicación de NORMA Editorial, S.A. Fluvià, 89. 08019 Barcelona. Tel.: 93 303 68 20 - Fax: 93 303 68 31. E-mail: norma@normaeditorial. How to Draw Manga Volume 1: Compiling Characters © 1996 by The Society for the Study of MANGA Techniques. First published in Japan by Graphic-sha Publishing Co., Ltd. This Spanish edition was published in Spain by NORMA Editorial S.A. El resto del material así como los derechos por la edición en castellano son © 2003 NORMA Editorial, S.A. Traducción: María Ferrer Simó. ISBN: 84-8431-323-9. Depósito legal: B-37403-2003. Printed in the EU.

www.Norma Editorial.com

ÍNDICE

Retrato de un dibujante de cómics

Guión y dibujo
Tatsuhiro Ozaki

POR FIN HAN TERMINADO LA BATALLA.

EL EJÉRCITO DE AYUDANTES HA CAÍDO.

BUEN TRABAJO, CHICOS. BUENO, ME MARCHO QUE TENGO PRISA.

LO CUAL NO QUIERE DECIR QUE EL TRABAJO DEL DIBUJANTE HAYA TERMINADO.

SLAM

TAMBIÉN HAY QUE TOMARSE UN DESCANSO DE VEZ EN CUANDO.

BUEN TRABAJO.

PERO YA LE RONDA POR LA CABEZA LA SIGUIENTE IDEA... O DEBERÍA RONDARLE.

KI-KI-RI-KI

NO HAY QUE ABUSAR DEL ALCOHOL, ¿EH?

VARIOS DÍAS DESPUÉS, CON TODAS LAS NUEVAS IDEAS EN LA CABEZA...

JO, NO SE ME HA OCURRIDO NADA.

Y SE VE ALGO ASÍ... Y LUEGO ASÍ...

...LLEGA EL MOMENTO DE ENFRENTARSE AL EDITOR.

EL DIBUJANTE...

BLINK

EL EDITOR...

BLINK

¡MÁS CERVEZA, HOMBRE, QUE NO SE DIGA!

SE DECIDE LA HISTORIA A GRANDES RASGOS.

Y ENTONCES...

HAY QUE PENSAR EN EL GUIÓN. TODO HAY QUE DECIRLO, EXISTEN DIVERSAS FORMAS DE COMENZAR A ESCRIBIR EL GUIÓN.

PERO LA MÁS NORMAL ES APUNTAR EN UN PAPEL LAS LÍNEAS GENERALES DE LA HISTORIA QUE TENEMOS EN MENTE. O SEA, ESCRIBIR EL ARGUMENTO.

JUA, JUA, JUA.

RAAAS

SCRICH SCRICH

A continuación tenemos la división de las páginas.

Ejemplo:
La Cenicienta, en 31 páginas

P.1   Cubierta.
P.2 ▼ Aparece la Cenicienta.
P.5   Discusión con la madrastra hasta aquí.
P.6 ▼ Un día, baile en el castillo.
P.9   Cenicienta se queda sola.
P.10 ▼ Aparecen las hadas madrinas.
P.13   Escena de la carroza.
P.14 ▼ Hacia palacio.
P.17   Baile en el palacio.
P.18 ▼ Aparece el príncipe.
P.21   Cenicienta bailando.
P.22 ▼ Las campanadas de las doce.
P.25   Cenicienta se marcha.
P.26 ▼ El Príncipe busca a Cenicienta.
P.29   Cenicienta se pone el zapato de cristal.
P.30 ▼ El zapato se ajusta bien y el príncipe le pide que se case con él.
P.31   Y fueron felices y comieron perdices.

UNA VEZ DEFINIDO EL ARGUMENTO, SE ESBOZA EL GUIÓN DE ESAS PÁGINAS, CADA CUAL A SU MANERA, COMO FIGURA A CONTINUACIÓN.

Aparece la Cenicienta:
Aún no ha salido el sol y hace una mañana muy fría. La madrastra y las hermanastras duermen aún. Se ve una muchacha que jadea agotada mientras limpia:
—Qué frío.
—Será mejor que me dé prisa en terminar para preparar el desayuno.

A CONTINUACIÓN SE REALIZA UN ESBOZO (EN JAPONÉS SE DICE "CONTE").
LOS ESBOZOS SE DIBUJAN EN DOS PÁGINAS* EN UN FORMATO IDÉNTICO AL QUE TIENEN LAS REVISTAS DE MANGA. ESTE FORMATO REVISTA SE PUEDE CONSEGUIR CON UNA LÁMINA DE DIBUJO TAMAÑO B4, EN POSICIÓN HORIZONTAL Y DIVIDIDA EN DOS POR LA MITAD.

*EL MISMO DIBUJO EN DOS PÁGINAS YUXTAPUESTAS.

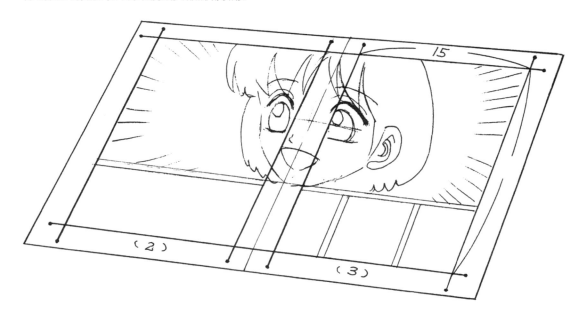

EN CUANTO AL DISEÑO DE LAS PÁGINAS, EL PRIMER PASO ES PREPARAR UNA PLANTILLA.

DOBLAR POR LA MITAD.

SE COLOCA LA PLANTILLA ENCIMA DE VARIAS HOJAS Y CON LA PUNTA DEL COMPÁS O ALGO SIMILAR SE PRACTICAN UNOS AGUJEROS EN LAS ESQUINAS (EN TOTAL 12 AGUJEROS).

A CONTINUACIÓN, SE TOMAN LOS AGUJEROS COMO PUNTOS DE REFERENCIA PARA TRAZAR LOS MÁRGENES. PARA ELLO UTILIZAREMOS UN ROTULADOR MAGIC MARKER. SE PUEDEN TRAZAR EN NEGRO, AUNQUE ES MEJOR QUE UTILICES AZUL O ROJO POR SI EN ALGÚN MOMENTO TE QUIERES SALIR DE LOS MÁRGENES.

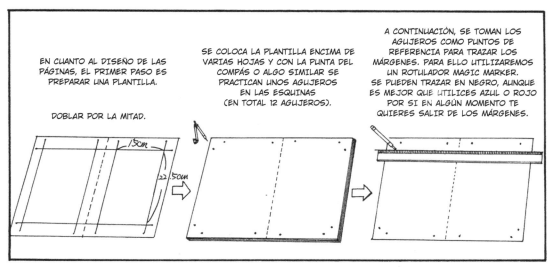

POR EJEMPLO, CUANDO UNA VIÑETA OCUPA TODO EL PAPEL.

Y ENTONCES EL MANGAKA (DIBUJANTE DE MANGA) SE PONE A PLASMAR LA HISTORIA SOBRE EL PAPEL, UNA ESCENA TRAS OTRA. O DEBERÍA...

GAAA

NG...

PERO...

VENGA, ME VOY A ECHAR UN TRAGO.

Y ASÍ DÍA TRAS DÍA...

GA JA JA JA JA

...HASTA QUE EL EDITOR LE RECUERDA QUE AÚN NO HAY GUIÓN.

CHAC

A TRABAJAR

AAAAY...

PERO EL DIBUJANTE NO ESTÁ ATRAVESANDO SU MOMENTO MÁS CREATIVO.

Y PASAN LOS DÍAS... Y EL GUIÓN POR DIBUJAR.

CLINK

Y POR FIN...

MENSAJES DE RECORDATORIO.

EL EDITOR TIENE QUE DARLE EL VISTO BUENO A LA IDEA PRESENTADA.

Y EL MANGAKA PASA UN MAL RATO ESPERANDO OÍR QUE TIENE QUE CORREGIRLO DE ARRIBA A ABAJO...

TUM TUM

TUM TUM

MUY BIEN, VAMOS ALLÁ. PARECE QUE LA IDEA COLARÁ...

QUEDAMOS ASÍ, ENTONCES.

HAGA EL FAVOR DE RESPETAR LA PRÓXIMA FECHA DE ENTREGA.

TCHK

Y AHORA QUE YA HAY HISTORIA...

¡¡AL HABLA EL MAESTRO!!

HASTA LA PRÓXIMA.

SLAM

...ENTRAN EN JUEGO LOS AYUDANTES.

¡TENEMOS TRABAJO Y YA ESTÁIS TARDANDO!

ÉSTE SOY YO.
(LO ÚNICO QUE NO ES FICTICIO).

MIENTRAS LLEGAN LOS AYUDAN-
TES, EL MAESTRO SE OCUPA
DE LOS BOCETOS A LÁPIZ.

SCRICH

SCRACH

Y EN ESE INTERVALO DE TIEMPO Y
HASTA QUE SE TERMINE EL MANGA,
REPITE SU APARICIÓN EL CALLO.

VEAMOS ESE TRABAJO...

LO PRIMERO QUE SE HACE ES UN BOCETO.

Y CUANDO ESTÁ LISTO, SE ENTINTA.

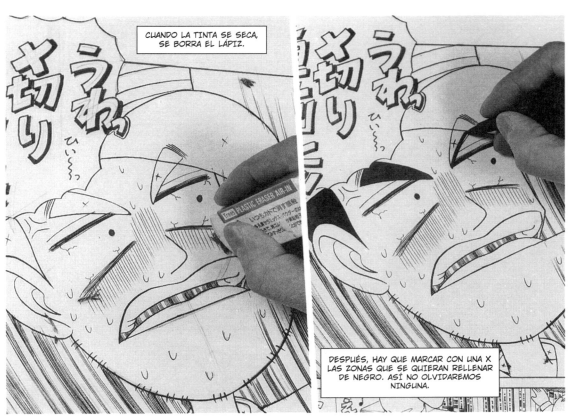

CUANDO LA TINTA SE SECA, SE BORRA EL LÁPIZ.

DESPUÉS, HAY QUE MARCAR CON UNA X LAS ZONAS QUE SE QUIERAN RELLENAR DE NEGRO. ASÍ NO OLVIDAREMOS NINGUNA.

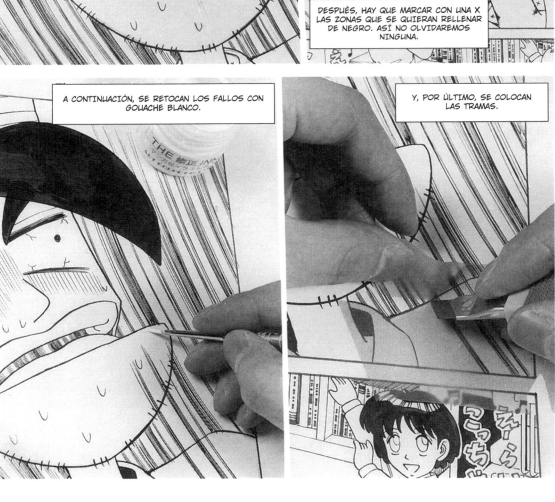

A CONTINUACIÓN, SE RETOCAN LOS FALLOS CON GOUACHE BLANCO.

Y, POR ÚLTIMO, SE COLOCAN LAS TRAMAS.

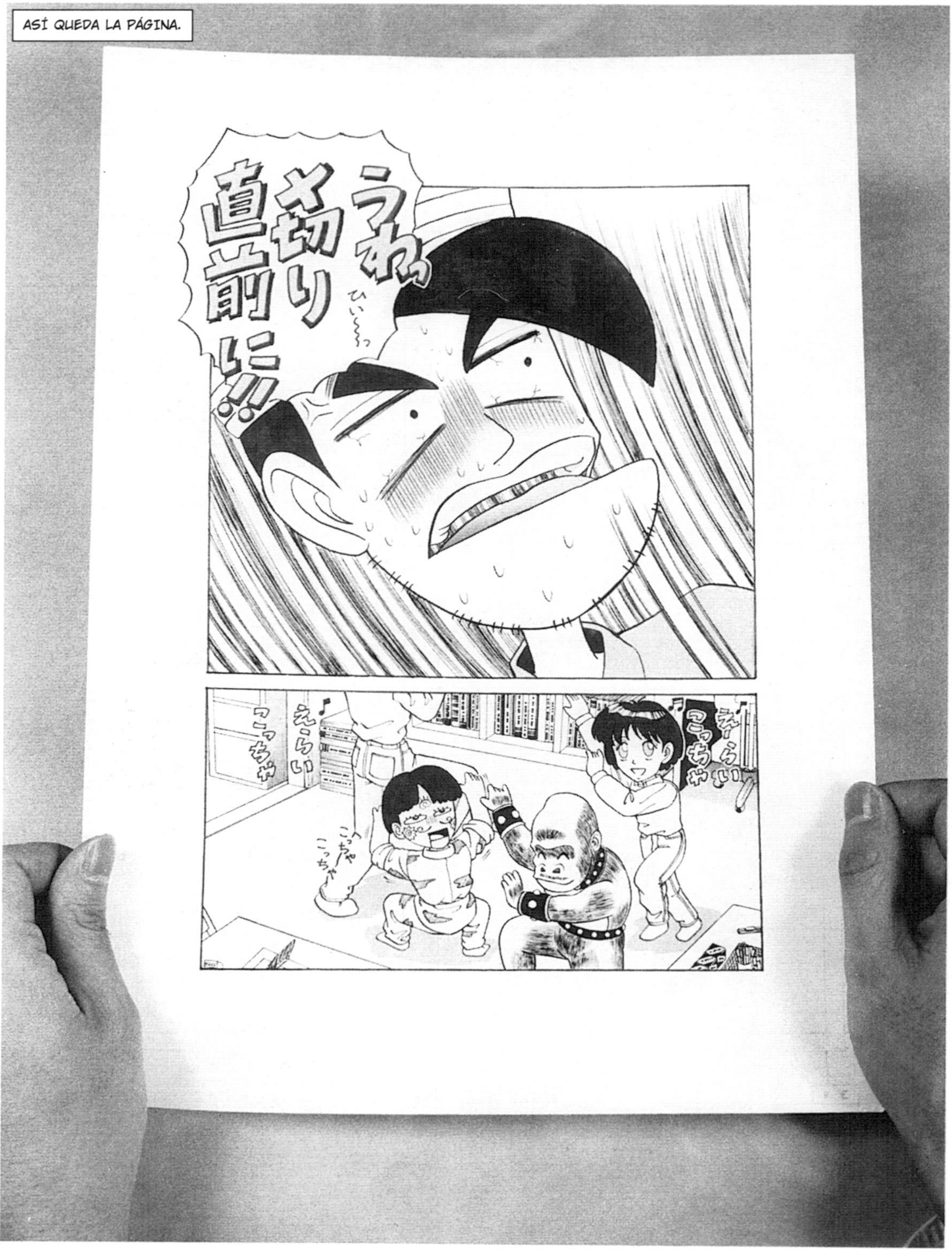

うわっ〆切り直前に!!
ひぃ〜〜っ
えーらい こっちゃ
えーらい こっちゃ
こっちゃ こっちゃ

ASÍ QUEDA LA PÁGINA.

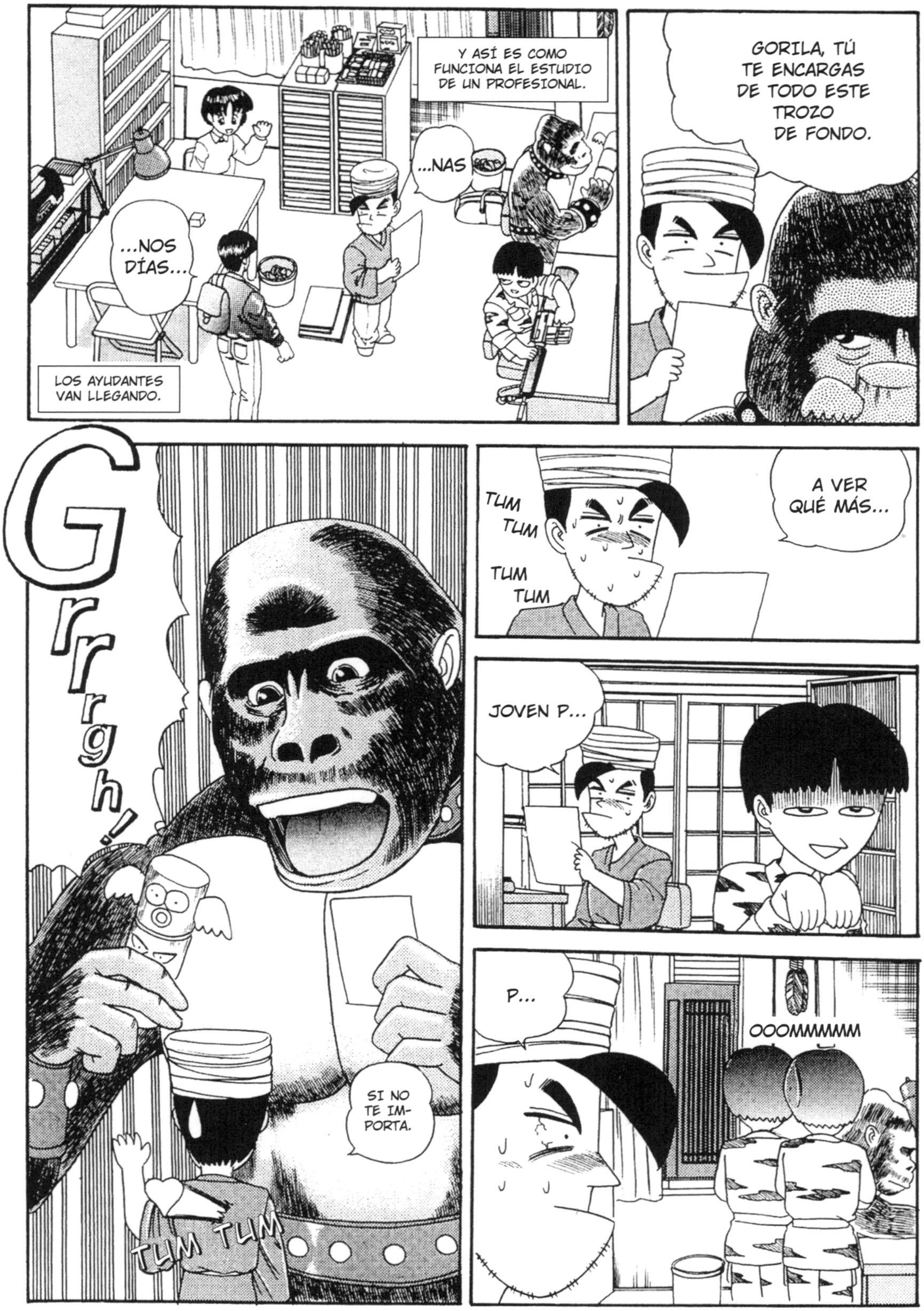
Y ASÍ ES COMO FUNCIONA EL ESTUDIO DE UN PROFESIONAL.
...NAS
...NOS DÍAS...
LOS AYUDANTES VAN LLEGANDO.
GORILA, TÚ TE ENCARGAS DE TODO ESTE TROZO DE FONDO.
Grrrgh!
SI NO TE IMPORTA.
TUM TUM
A VER QUÉ MÁS...
TUM TUM
TUM TUM
JOVEN P...
P...
OOOMMMMM

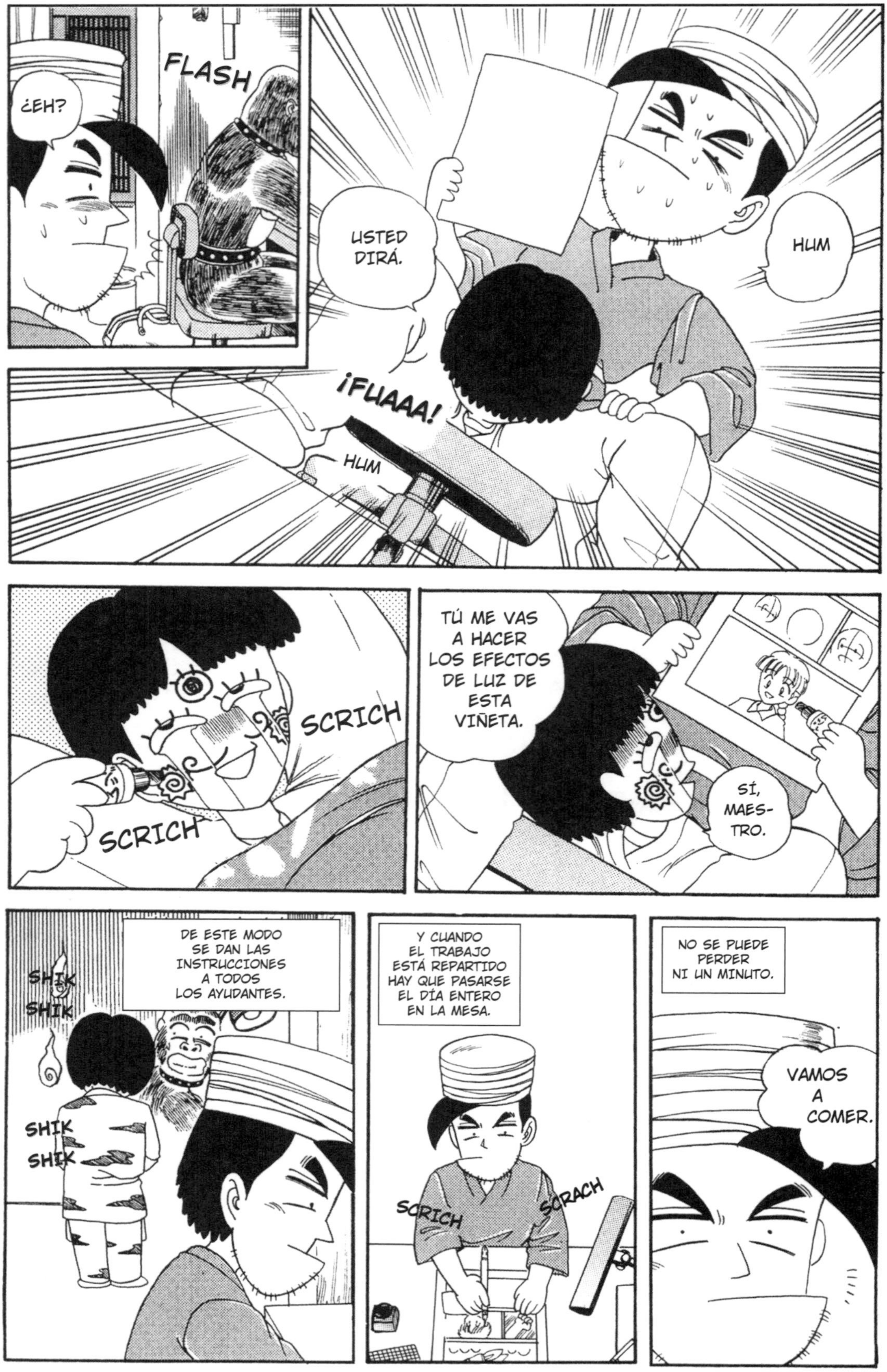
¿EH?
FLASH
USTED DIRÁ.
HUM
¡FUAAA!
HUM
SCRICH
SCRICH
TÚ ME VAS A HACER LOS EFECTOS DE LUZ DE ESTA VIÑETA.
SÍ, MAESTRO.
DE ESTE MODO SE DAN LAS INSTRUCCIONES A TODOS LOS AYUDANTES.
SHIK SHIK
SHIK SHIK
Y CUANDO EL TRABAJO ESTÁ REPARTIDO HAY QUE PASARSE EL DÍA ENTERO EN LA MESA.
SCRICH
SCRACH
NO SE PUEDE PERDER NI UN MINUTO.
VAMOS A COMER.

BUENO, COMO ES EL PRIMER DÍA, AÚN QUEDA TIEMPO DE SOBRAS.

MEJOR COMEMOS FUERA.

PERO AL CABO DE VARIOS DÍAS...

¡CADA VEZ HAY MENOS TIEMPO!

Y LAS COMIDAS SE REDUCEN A COMPRAR CUALQUIER COSA PREPARADA, Y NO SE PUEDE UNO LEVANTAR NI PARA IR AL CUARTO DE BAÑO.

¡SCRICH! ¡SCRACH!

DOLOR DE HOMBROS, DOLOR DE ESPALDA... TAN AGUDO QUE HASTA SE OYE...

AAAAH

AAARGH

TANTO ES ASÍ QUE...

¡ARGH!

¡¡NGG!!

¡HASTA EL CALLO GRITA!

¡AAAAH!

Y SE ACUSA LA ANSIEDAD POR LA FECHA DE ENTREGA, LA FALTA DE SUEÑO Y LA SOBREDOSIS DE CAFEÍNA.

NECESITO MEDICINA.

¡AGUANTE, MAESTRO!

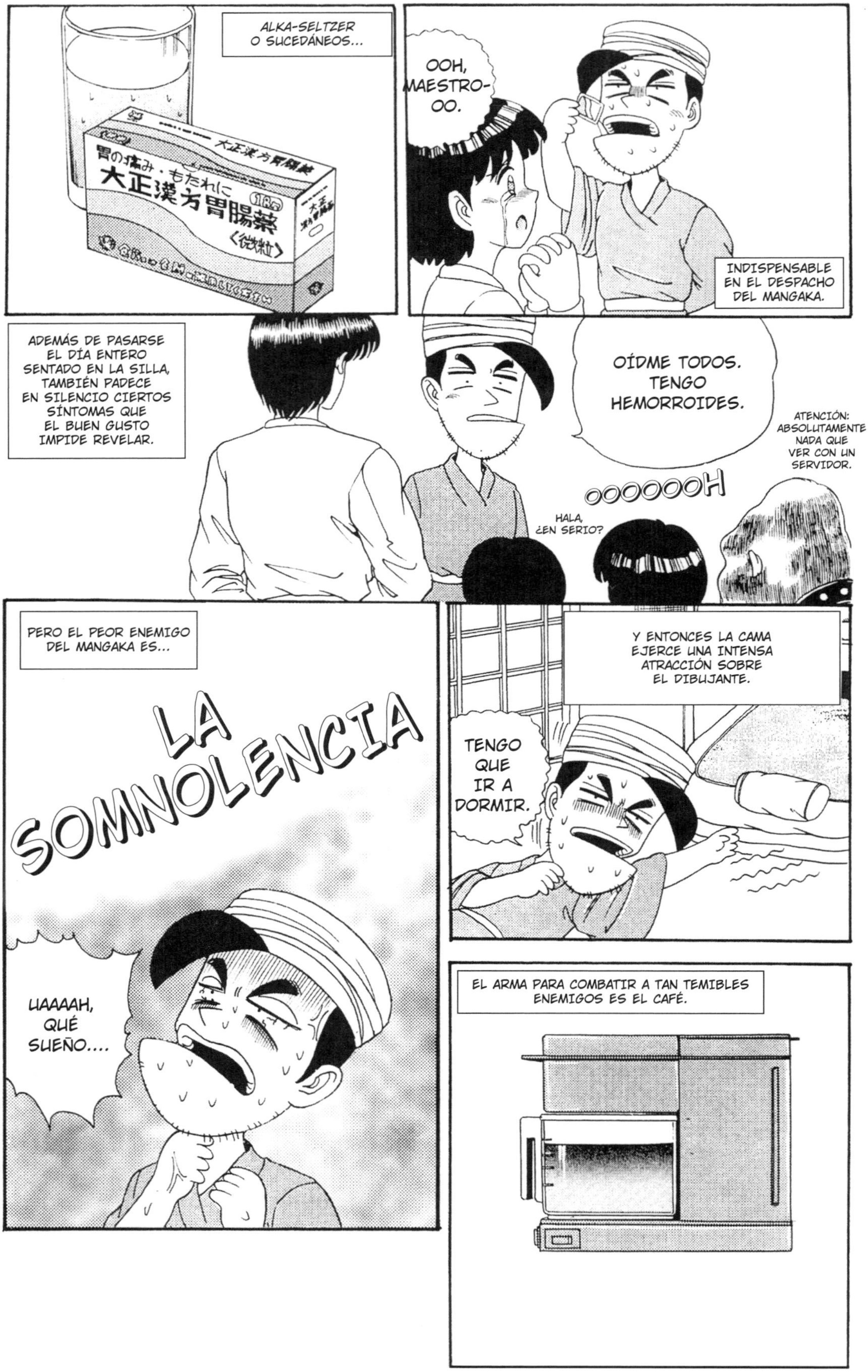
ALKA-SELTZER O SUCEDÁNEOS...
胃の痛み・もたれに
大正漢方胃腸薬
〈微粒〉
OOH, MAESTRO-OO.
INDISPENSABLE EN EL DESPACHO DEL MANGAKA.
ADEMÁS DE PASARSE EL DÍA ENTERO SENTADO EN LA SILLA, TAMBIÉN PADECE EN SILENCIO CIERTOS SÍNTOMAS QUE EL BUEN GUSTO IMPIDE REVELAR.
OÍDME TODOS. TENGO HEMORROIDES.
ATENCIÓN: ABSOLUTAMENTE NADA QUE VER CON UN SERVIDOR.
OOOOOOH
HALA, ¿EN SERIO?
PERO EL PEOR ENEMIGO DEL MANGAKA ES...
LA SOMNOLENCIA
UAAAAH, QUÉ SUEÑO....
Y ENTONCES LA CAMA EJERCE UNA INTENSA ATRACCIÓN SOBRE EL DIBUJANTE.
TENGO QUE IR A DORMIR.
EL ARMA PARA COMBATIR A TAN TEMIBLES ENEMIGOS ES EL CAFÉ.

COMBINADO CON CHICLE DE CAFEÍNA...

SPLASH

SPLASH

¡CÓMO QUEMAAA!

YA ESTÁ, ME SIENTO MÁS DESPIERTO.

PERO CUANDO EL SUEÑO CONTRAATACA...

...HAY QUE ECHAR MANO DE OTRO TIPO DE MEDICAMENTO.

BEBIDAS TONIFICANTES.

SEGUNDO ARTÍCULO INDISPENSABLE EN EL DESPACHO DEL MANGAKA.

OH, MAES-TRO.

GLU GLU

Y ASÍ ES COMO EL DIBUJANTE CONSIGUE PONERSE EN MARCHA DE NUEVO.

Y JUNTO CON LOS AYUDANTES, YA PREPARADOS PARA PROLONGAR EL TRABAJO DURANTE TODA LA NOCHE...

...SE ACERCA A LA RECTA FINAL DEL ENCARGO...

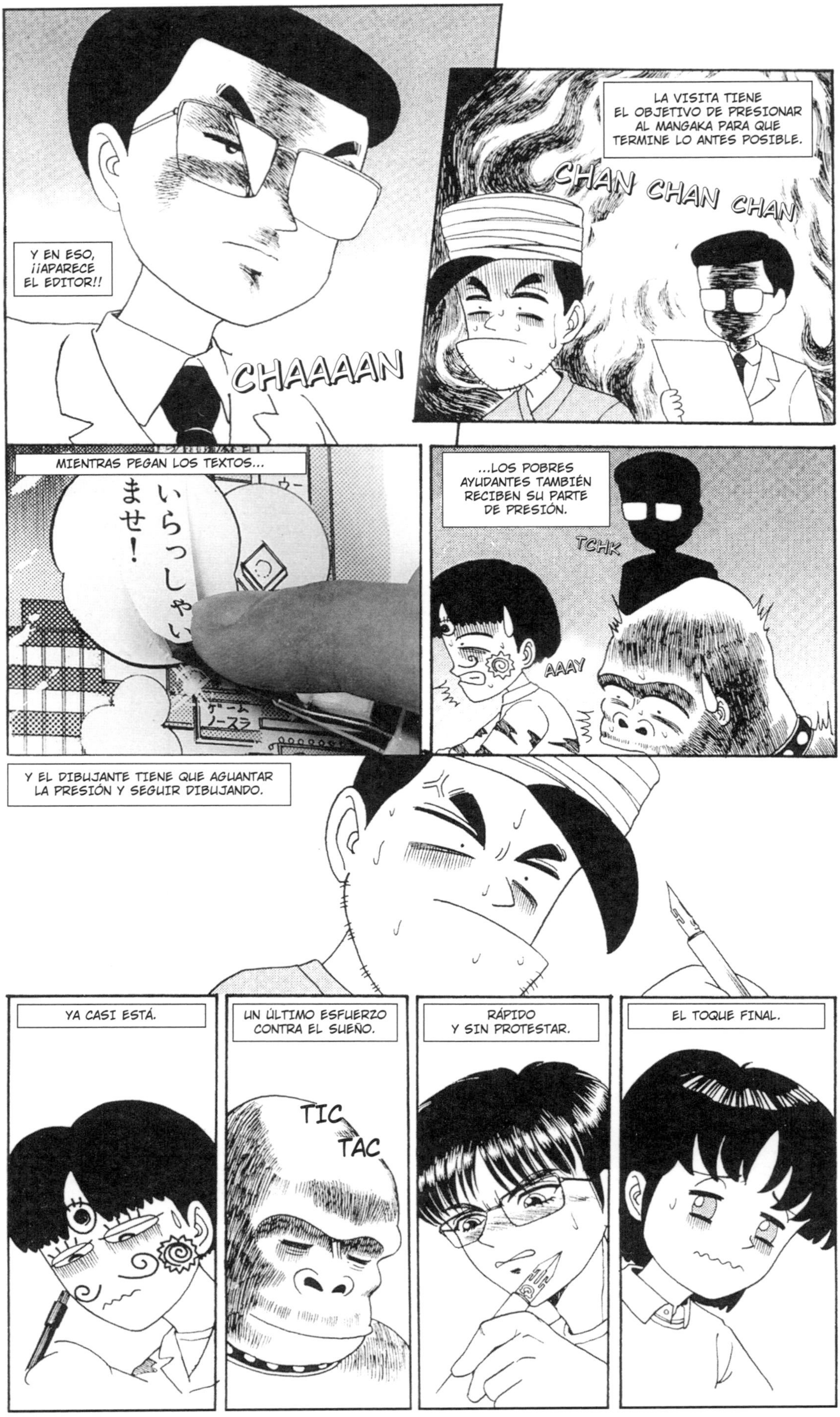
Y EN ESO,
¡¡APARECE
EL EDITOR!!
CHAAAAN
LA VISITA TIENE
EL OBJETIVO DE PRESIONAR
AL MANGAKA PARA QUE
TERMINE LO ANTES POSIBLE.
CHAN CHAN CHAN
MIENTRAS PEGAN LOS TEXTOS...
いらっしゃいませ！
ゲーム
ノースラ
...LOS POBRES
AYUDANTES TAMBIÉN
RECIBEN SU PARTE
DE PRESIÓN.
TCHK
AAAY
Y EL DIBUJANTE TIENE QUE AGUANTAR
LA PRESIÓN Y SEGUIR DIBUJANDO.
YA CASI ESTÁ.
UN ÚLTIMO ESFUERZO
CONTRA EL SUEÑO.
TIC
TAC
RÁPIDO
Y SIN PROTESTAR.
EL TOQUE FINAL.

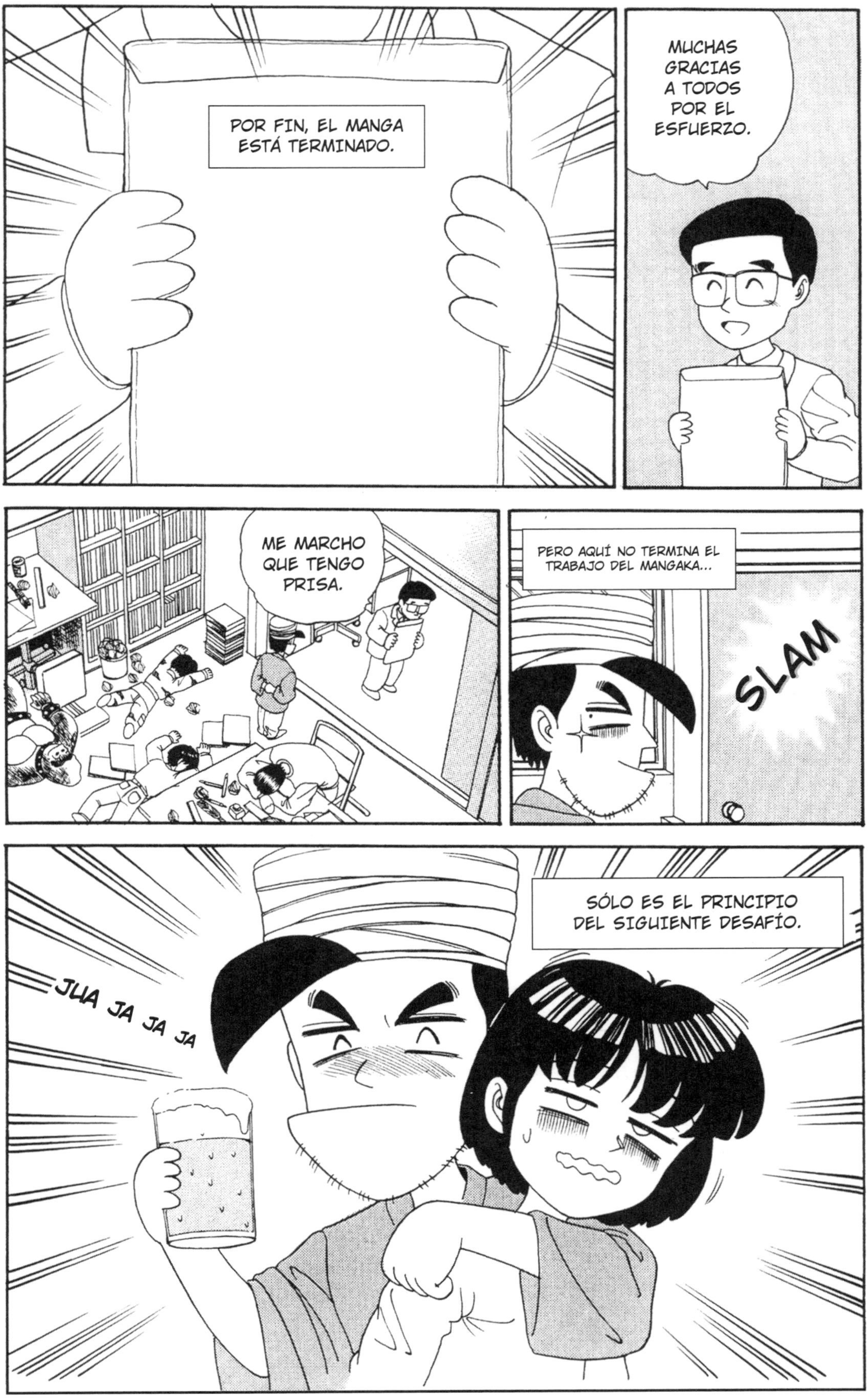

POR FIN, EL MANGA ESTÁ TERMINADO.
MUCHAS GRACIAS A TODOS POR EL ESFUERZO.
ME MARCHO QUE TENGO PRISA.
PERO AQUÍ NO TERMINA EL TRABAJO DEL MANGAKA...
SLAM
SÓLO ES EL PRINCIPIO DEL SIGUIENTE DESAFÍO.
JUA JA JA JA

MATERIAL DE DIBUJO PARA MANGA

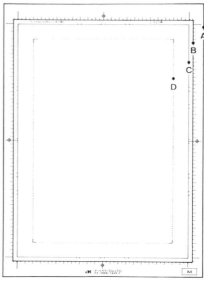

PAPEL

Para dibujar manga se suele utilizar papel de alta calidad, papel Kent o papel de dibujo. No obstante, el papel de dibujo se estropea cuando se usa mucho la goma de borrar, y la tinta se corre, con lo cual puede resultar engorroso para los principiantes. El papel Kent es también papel de dibujo pero no tiene este inconveniente, aunque es más caro que el de dibujo. Se emplean dos tipos de grosor: 90 gr y 135 gr.

Actualmente, en Japón se comercializan blocs específicos para dibujar manga como los que se ven en la foto. Son de papel Kent, incorporan márgenes de cómic en azul, y los bordes están milimetrados, con lo cual resultan muy útiles a la hora de dividir en viñetas o de señalar secciones que se quieran eliminar. Estos blocs especializados son de uso común entre los profesionales.

A: Tamaño del papel.
(B4= 257mm x 364mm /
A4= 210mm x 297mm)

B: Se dibuja hasta este margen cuando se divide en viñetas.

C: Margen exterior.
El dibujo no debe sobrepasar este margen.
(B4= 220mm x 310mm /
A4= 182mm x 257mm)

D: Margen interior.
Es el marco básico para especificar porciones.
(B4 = 180mm x 270 mm /
A4= 150mm x 220mm)

Otros materiales prácticos

Cinta adhesiva y cinta correctora. Las cintas transparentes como las que muestra la foto son de alta calidad y conservan el color durante largo tiempo. Resultan muy útiles para corregir y se retiran fácilmente, a diferencia de las que requieren pegamento.
Cola de contacto. En la foto lo vemos en pasta, pero también existe en spray.

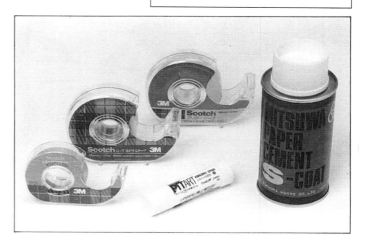

LÁPICES

Hoy en día, la mayoría de los dibujantes de cómics usan portaminas. Algunos utilizan lápices duros para dibujar detalles o destacar zonas concretas, y otros más blandos cuando se trata de zonas más amplias. La dureza de la mina —HB, B, 2B, etc.— se escoge en función de la presión que se va a ejercer sobre el lápiz. Para poca presión, se utilizará un lápiz B o 2B. Los portaminas y los lápices azules son muy prácticos, además el azul no se marca cuando se imprime. Puedes señalar lo que quieras en color azul porque luego no se verá en el manga impreso, y por eso los dibujantes lo utilizan para indicar a los ayudantes qué tramas se van a emplear y dónde, en las zonas en las que no hay dibujo ni sombreado.

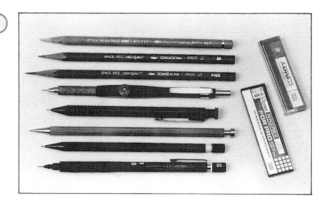

GOMAS DE BORRAR

Las series AIR-IN y MONO son gomas corrientes (ver fotografía). Los restos de la goma pueden estropear el efecto de las tramas si no se retiran bien del papel, así que si se utiliza este tipo de gomas es conveniente mantener el escritorio muy limpio. Existe una goma que evita este problema llamada NON-DUST. Recoge los restos y mantiene el espacio de trabajo limpio. También se venden gomas que borran tinta, especiales para borrar zonas reducidas. La goma dura se usa para suavizar tonos y dar una sensación de penumbra.

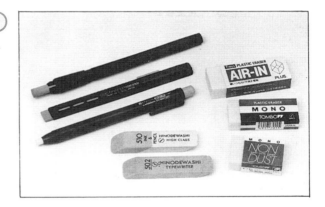

CAJAS DE LUZ

Las cajas de luz iluminan la pantalla por debajo y de ese modo se puede calcar. Pueden resultar un buen aliado.

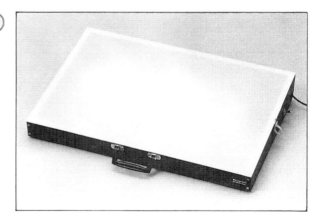

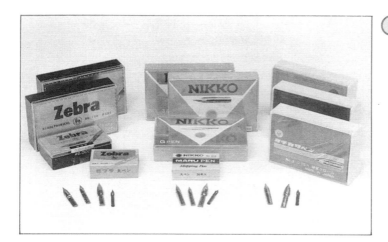

PLUMILLAS

Zebra, Nikko y Tachikawa son algunos de los fabricantes de plumillas japoneses más conocidos. Para dibujar cómics, las más frecuentes son las de tipo G y las redondas. Algunos dibujantes prefieren la plumilla Kabura por la dureza que le confiere al trazo. Gillotts es una marca inglesa, y tiene seis clases que abarcan desde la punta fina hasta la plumilla de tipo G. Todas son muy suaves.

PORTAPLUMAS

La plumilla es un instrumento que se usa mucho, y si se sostiene con fuerza pueden salir callos. A la hora de comprar un portaplumas hay que tener en cuenta que todos van con las plumillas estándar, Turnip o escolares, pero no son compatibles con las plumillas redondas, que tienen su propio modelo de mango.

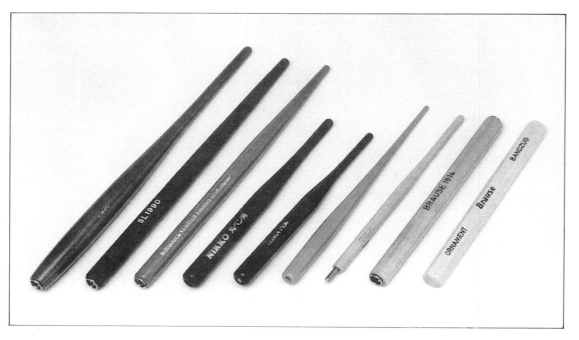

ZEBRA

Plumilla redonda
Plumilla escolar
Plumilla Turnip o Tama
Plumilla G

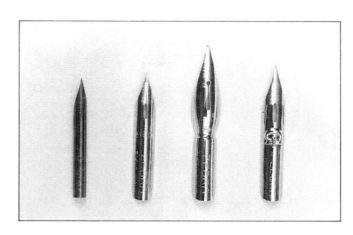

NIKKO

Plumilla redonda
Plumilla escolar
Plumilla Turnip o Saji
Plumilla G

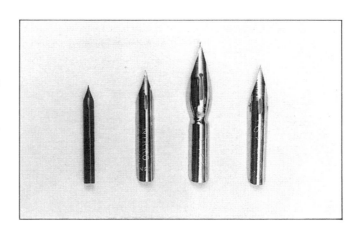

TACHIKAWA

Plumilla redonda
Plumilla Turnip o cuchara
Plumilla G

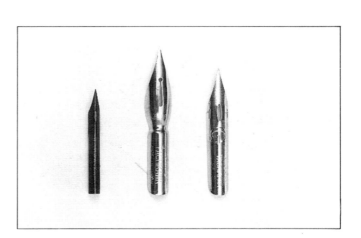

PLUMILLA G TACHIKAWA

Para trazos uniformes, verticales y horizontales. Confiere un toque duro y directo.

PLUMILLA G NIKKO

Suave y fácil de usar. Más bien para líneas gruesas.

PLUMILLA G ZEBRA

Para líneas gruesas y finas. Muy suave. Es muy común entre los dibujantes, aunque quizás se perciba una pequeña resistencia al trazar.

PLUMILLA REDONDA TACHIKAWA

Para líneas finas, aunque también se puede emplear para líneas relativamente anchas. Al tacto es parecida a la plumilla G de Zebra.

PLUMILLA REDONDA NIKKO

Sólo para líneas finas. Rasca el papel y cuando se trata de dibujar líneas gordas requiere bastante práctica.

PLUMILLA REDONDA ZEBRA

Está diseñada para dibujar líneas finas, pero se puede emplear para líneas gruesas. Al principio rasca el papel, pero con un poco de práctica puede dar muy buenos resultados.

PLUMILLA TURNIP TACHIKAWA

Permite dibujar líneas muy uniformes y da una sensación de trazo muy fluido. Es como una combinación de rotulador de punta fina y Rotring, aunque al trazar se pueden dar toques de presión.

PLUMILLA TURNIP NIKKO

La punta de la plumilla parece flexible. La línea queda algo más gruesa que con la de Tachikawa, pero son muy parecidas.

PLUMILLA TURNIP ZEBRA

Esta plumilla está diseñada para trazar líneas duras y rectas. Es difícil de usar al principio, pero su uso está muy extendido.

Cada cual tiene sus preferencias en cuanto a plumillas. Recomendamos probar diferentes tipos y marcas distintas para saber cuáles se adaptan mejor a las necesidades de cada uno.

PLUMILLA ESCOLAR NIKKO

Esta plumilla es algo más suave que la de Zebra. Las líneas son más gruesas.

PLUMILLA ESCOLAR ZEBRA

Para trazar líneas finas y duras. La plumilla escolar traza líneas duras, mientras que la redonda traza líneas suaves.

TINTA

Aquí tenemos algunas de las tintas que más se utilizan y la Kaimei Bokuji (tinta china). La tinta china no se seca tan rápido como la de Pilot, pero se puede pasar un rollo de papel secante (o incluso papel absorbente normal) para absorber el exceso (ver ilustración).

La tinta de Pilot para escribir documentos es resistente al agua y se usa también para dibujar en color. En la actualidad, hay muchas otras tintas en el mercado. Dr. Martin's, Line & Beta y Lettering Sol son, de las que se muestran en la foto, las resistentes al agua. La fuerza del negro es mucho mayor que la de Pilot o la tinta china, y confieren al trazo un acabado perfecto.

Para secar la tinta

FRISH

1) Colocar el rollo de papel encima del dibujo.

2) Pasarlo por encima una vez. No apretar para evitar que se emborrone el dibujo.

3) No volver a pasar el rollo o quedarán manchas.

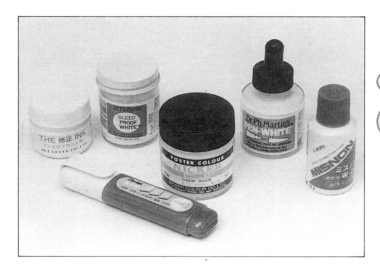

GOUACHE BLANCO

LÍQUIDOS CORRECTORES

El líquido corrector se aplica para corregir las tramas y las copias que no sean acuosas. No es necesario disolverlo en agua y se extiende fácilmente. También existe el gouache blanco, que permite corregir errores simples.

ROTULADORES DE PUNTA FINA

Para dibujar cómics no es necesario ser precisos al milímetro. Algunos dibujantes usan rotuladores de punta fina porque son fáciles de conseguir y mantener.

PINCELES

Para la tinta blanca y el líquido corrector se recomienda usar pinceles muy finos. Las correcciones pueden ser más o menos precisas en función del pincel que se utilice.

ROTULADORES PINCEL

Estos rotuladores se suelen utilizar para rellenar espacios en negro. Para zonas amplias, se usa el de la derecha. También se obtienen buenos resultados cuando se utiliza para los brillos del cabello. El rotulador de la izquierda es más parecido a una pluma, y da la sensación de dibujar más que de pintar.

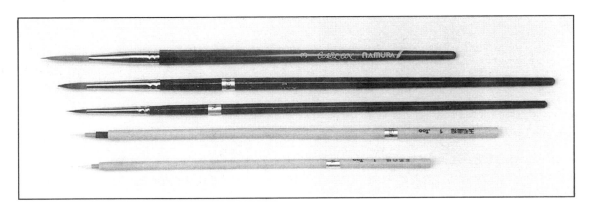

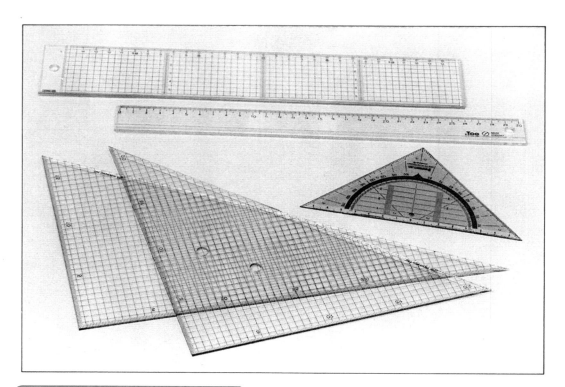

REGLAS

Para las líneas y para medir, lo más cómodo es usar reglas biseladas. Lo mejor es tener tres tipos distintos: la regla de 14 cm para detalles, una de 30 cm para márgenes y una de 40 ó 50 cm para las perspectivas largas. Las reglas con bordes metálicos también son prácticas porque no se estropean al usar el cutter.

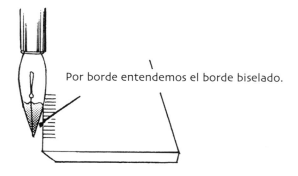

Por borde entendemos el borde biselado.

Si se usa plumilla, la posición de ésta debería ser la que se ve en la ilustración, de manera que la tinta no se corra bajo el borde de la regla.

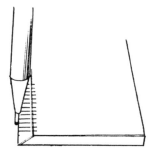

Si se usa lápiz o portaminas, la posición sería ésta.

REGLAS CURVAS

A la hora de escoger reglas curvas, es mejor decidirse por las que tienen un borde para tinta. Los discos flotantes redondos sirven para evitar que la tinta se corra. Se ponen en el dorso de la regla que, de este modo, quedará un poco separada del papel.

REGLAS FLEXIBLES

Las reglas flexibles permiten dibujar todo tipo de líneas curvas, pero como no tienen borde biselado, es mejor utilizarlas con rotuladores de punta fina.

PLANTILLAS

Es recomendable tener entre nuestro material alguna plantilla de círculos y óvalos.

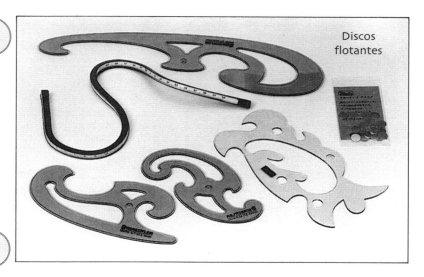

Discos flotantes

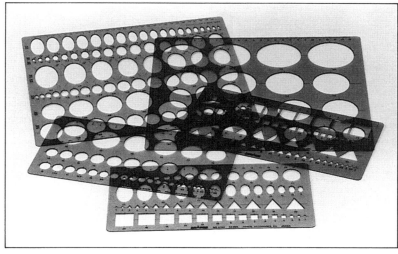

COMPASES

Este tipo de compás resulta muy útil no sólo para trazar círculos sino también para cortar las tramas si se usa con un cutter.

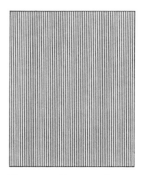

No. 1033 (Letraset)　　　　C - 188 (Letraset)　　　　　　No. 684　　　No. 61 (Letraset)

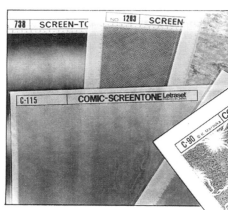

TRAMAS

En la actualidad, las tramas son indispensables para dibujar cómics. Antes de usarlas es necesario asegurarse de que la hoja de papel no tiene polvo ni restos de goma de borrar, porque si se pegan a la trama, ésta no se podrá utilizar. Las tramas se venden por separado, en sobres de plástico individuales donde se guardan después del primer uso. El número 61 que vemos más arriba corresponde al código de Letraset, que en este tamaño de punto se llama Screentone. El Letraset 684 parece arena, de ahí que se le llame punto de arena.

En la actualidad, Letraset tiene una gama llamada Comic Screentone en el mercado japonés. Básicamente es igual, pero más económica. También existe la Letraset II, cuyo tamaño es el doble y resulta muy práctico para los dibujos en página doble.

Portafolios

El portafolios es una cartera ideada para transportar originales y tramas, de manera que el trabajo queda protegido de cualquier posible daño.

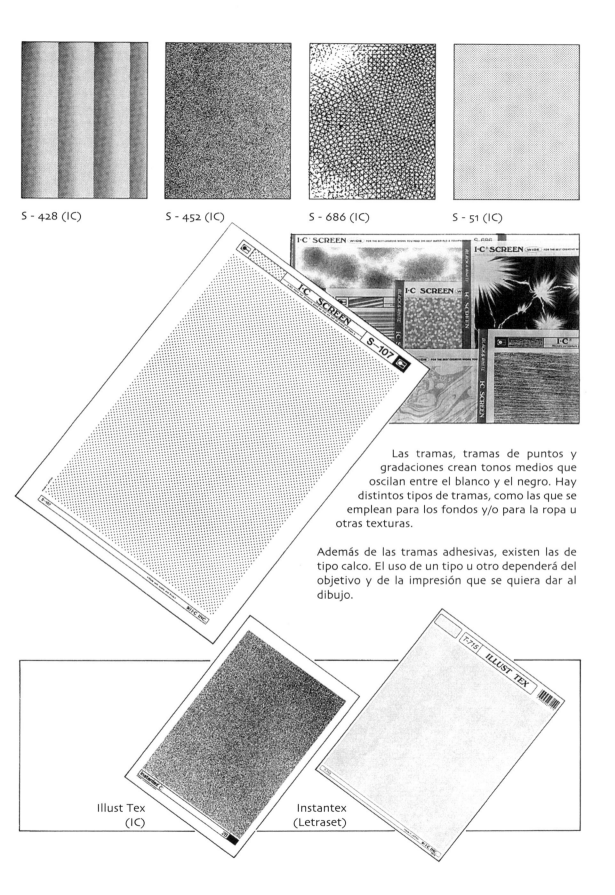

S - 428 (IC)   S - 452 (IC)   S - 686 (IC)   S - 51 (IC)

Las tramas, tramas de puntos y gradaciones crean tonos medios que oscilan entre el blanco y el negro. Hay distintos tipos de tramas, como las que se emplean para los fondos y/o para la ropa u otras texturas.

Además de las tramas adhesivas, existen las de tipo calco. El uso de un tipo u otro dependerá del objetivo y de la impresión que se quiera dar al dibujo.

Illust Tex
(IC)

Instantex
(Letraset)

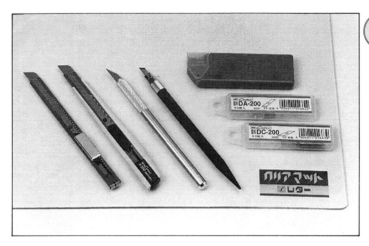

ACCESORIOS PARA TRAMAS

Las tramas siempre vienen con un cutter. Para los principiantes, es recomendable empezar por los estándar. Las cuchillas de cutter se desgastan rápidamente y cuando no cortan bien pueden estropear el trabajo. Por eso hay que ir partiendo la hoja con frecuencia, para mantenerla siempre afilada. Los cutters artísticos se emplean para técnicas especiales. Los estándar se cogen como si fueran lápices. Se puede emplear un protector de plástico transparente para proteger el escritorio cuando se cortan y pegan las tramas en la hoja.

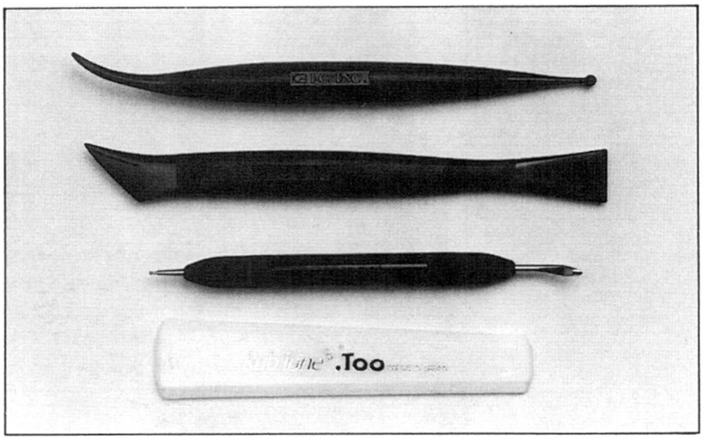

En la foto vemos aplicadores para tramas. Los que terminan en punta son más fáciles de usar.

Las plumas sirven para retirar los restos de la goma de borrar y de las tramas.

Capítulo PRIMERO

CÓMO DIBUJAR LOS RASGOS FACIALES

LOS RASGOS FACIALES

© Yu Kinutani/Media Works/Dengeki Comics EX/"Angel Arm"

Dibuja la cara de uno de tus personajes originales.
Para empezar vamos a fijarnos en la forma de los rasgos faciales.

Dibujo 1

Si unimos la posición de los ojos y de las orejas como se ve en el dibujo, podemos comprobar que el rostro humano es plano.

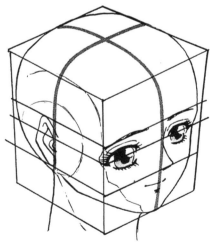

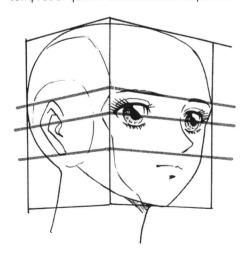

Dibujo 2

Si prolongamos en vertical la línea de posición de la oreja, veremos que hace intersección con la línea transversal que divide la cabeza en dos.

Dibujo 3

El cráneo humano está compuesto por dos partes, la sección superior del cráneo y la mandíbula inferior. Ambas se unen y forman un todo.

Generalmente se dibuja un círculo y una cruz, como vemos en el dibujo de la derecha. Así se simplifica la estructura del cráneo (figura 3).
Se puede dibujar el rostro con sólo las líneas en cruz, pero si lo que queremos es acercarnos a la estructura ósea, es más recomendable seguir los pasos de la figura de la derecha.

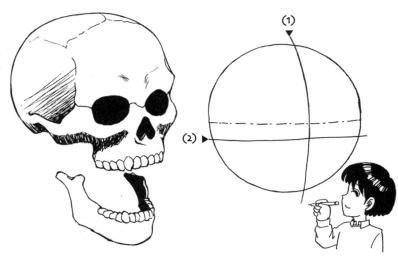

(1) La línea central divide el círculo en dos: izquierda y derecha deben estar equilibradas.

(2) Línea de posición de ojos y orejas.

La línea de posición de los ojos y de las orejas se debe bajar ligeramente porque después se añadirá la mandíbula inferior.

Una vez dibujada la estructura ósea básica, se determina el punto donde se van a dibujar los ojos, la nariz y la boca.

Línea longitudinal de posición de las orejas.

Posición de ojos y orejas.

Lado del plano facial.

Nariz

Mandíbula inferior.

SI HAS COMPRENDIDO LOS DIBUJOS 1, 2 Y 3 YA PUEDES DIBUJAR LA ESTRUCTURA ÓSEA SIMPLE DE LA CABEZA BASÁNDOTE EN ELLOS.

Si la estructura ósea básica y la posición de los ojos, de la nariz y de la boca son correctos, se puede efectuar cualquier cambio de ángulo.

La línea central pasa justo por en medio de los ojos.

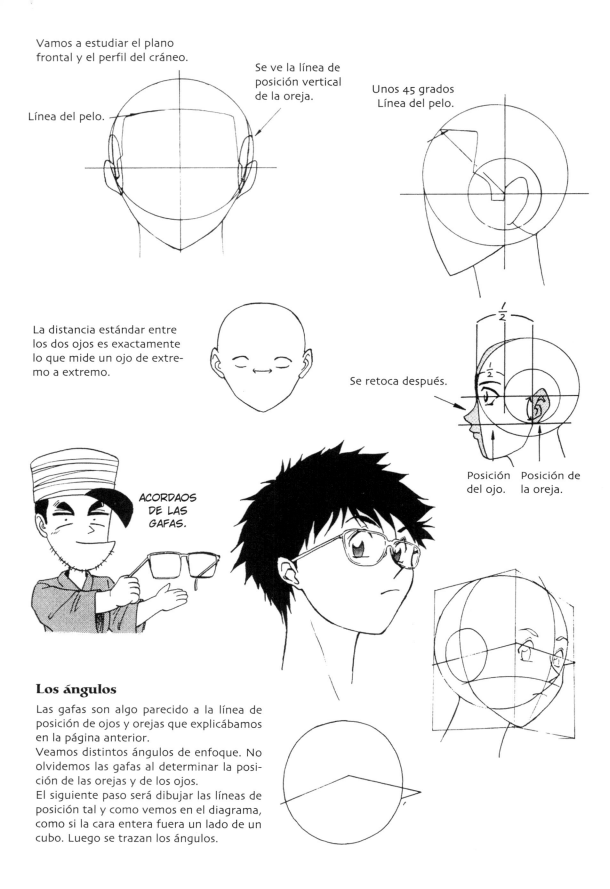

Vamos a estudiar el plano frontal y el perfil del cráneo.

Se ve la línea de posición vertical de la oreja.

Línea del pelo.

Unos 45 grados
Línea del pelo.

La distancia estándar entre los dos ojos es exactamente lo que mide un ojo de extremo a extremo.

Se retoca después.

$\frac{1}{2}$

$\frac{1}{2}$

Posición del ojo.   Posición de la oreja.

ACORDAOS DE LAS GAFAS.

Los ángulos

Las gafas son algo parecido a la línea de posición de ojos y orejas que explicábamos en la página anterior.

Veamos distintos ángulos de enfoque. No olvidemos las gafas al determinar la posición de las orejas y de los ojos.

El siguiente paso será dibujar las líneas de posición tal y como vemos en el diagrama, como si la cara entera fuera un lado de un cubo. Luego se trazan los ángulos.

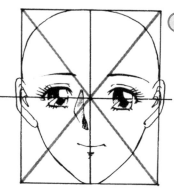

ROSTROS DESDE DISTINTOS ÁNGULOS

Las proporciones de los rasgos varían en función de la perspectiva.

Primero se divide la cara en cuatro cuadrados. Luego se trazan las diagonales para saber dónde está el centro.

Pongamos que la posición de los ojos está en el centro. Si miramos la figura en perspectiva, saldrán los diagramas que vemos a continuación.

Esta figura está vista desde arriba y desde abajo. Como veréis, la proporción de la frente variará en función de la distancia desde donde se dibuje.

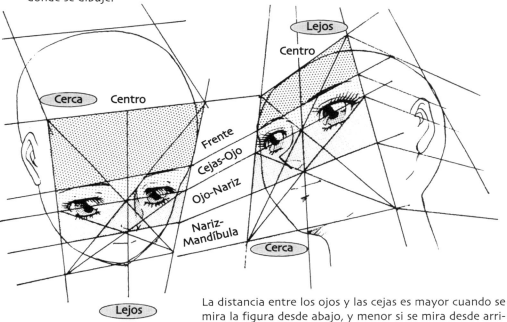

La distancia entre los ojos y las cejas es mayor cuando se mira la figura desde abajo, y menor si se mira desde arriba, porque las cejas sobresalen con respecto al plano de los ojos, y éstos quedan más hacia adentro.

LO IMPORTANTE ES QUE LA CARA QUEDE BIEN.

NO ES NECESARIO DIBUJAR TODAS LAS ESTRUCTURAS DETALLADAMENTE. MÁS BIEN ES CUESTIÓN DE TENERLAS EN MENTE.

Ángulo

Ángulo

DIBUJAR EL ROSTRO
(APLICACIÓN)

Una vez decidida la posición de los ojos, de la nariz y del cráneo, se ajustan los contornos faciales. Esto no debería suponer ningún problema porque la estructura del rostro está dibujada conforme a la estructura ósea básica. Pero en caso contrario, ajustaremos a nuestro modo.

ESTA LÍNEA COINCIDE CON LA PUNTA DE LA NARIZ, PERO VAMOS A DIVIDIR A NUESTRA MANERA.

Intentemos pensar en formas de la cabeza que encajen con la estructura ósea de cada personaje y con su diseño.

Algunos diseños no requieren dibujar un plano del perfil. Por ejemplo, la técnica de nuestro dibujante estrella es la siguiente:

Ésta es la posición de la oreja. El círculo sólo constituye la base del modelo facial completo.

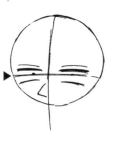

Luego se añade la mandíbula inferior y se ajusta el contorno de la cara.

Se ajusta la forma de la cabeza, la nuca, etc.

Esta técnica se puede aplicar a muchos otros dibujos.

OTRAS FORMAS DE DIBUJAR EL CRÁNEO

Como en el dibujo anterior, se pueden dibujar diversas estructuras óseas con sólo cambiar la mandíbula inferior.

Ésta es una estructura de la mandíbula muy robusta.

© Yu Kinutani/Media Works/Dengeki Comics EX/"Angel Arm"

© Yu Kinutani/Enix/G Fantasy/ "Lucky Racoon"

Si se estira un poco la mandíbula, obtenemos algo así.

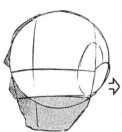

La posición del pómulo es muy importante.

© Yu Kinutani/Enix/G Fantasy/ "Lucky Racoon"

PARA FAMILIARIZARNOS CON LA ESFERA BÁSICA, AJUSTEMOS LA ESTRUCTURA ÓSEA.

EXPRESIONES FACIALES

Expresiones faciales

Cuando se consigue plasmar una expresión concreta en el rostro de un personaje, el dibujo cobra mucha más fuerza. Las emociones se traducen desde el corazón al rostro a través de los músculos faciales, que cambian de posición, dando así a la cara una expresión u otra.

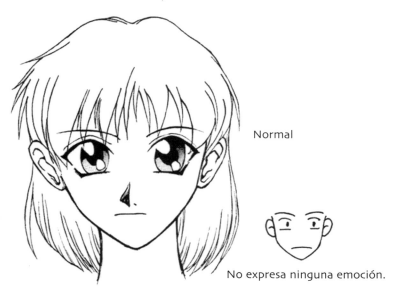

Normal

No expresa ninguna emoción.

Sonriente

Cuando estamos contentos, el músculo externo facial se relaja y los ojos, las cejas y la boca se dibujan con líneas curvas.

Risueña

En función del grado de la risa, los ojos se estrechan.

Carcajadas

Cuanto más grande sea la carcajada, más se refleja el sentimiento. La boca se agranda y se oye la risa más fuerte.

Disgustada

Cuando nos enfadamos, los músculos se agolpan en el centro.

Enfadada

En función del grado de enfado, aparecen arrugas en el centro de la cara.

Muy enfadada

Para dibujar una expresión de enfado violento hay que subir los extremos de los ojos.

Triste

La expresión de tristeza hace que las cejas se desplacen hacia detrás.

Llorando

Los músculos de las cejas tiran de los párpados.

Desconsolada

Cuando llora desconsoladamente, los ojos pueden abrirse pero depende de la fuerza que se le quiera dar a la expresión.

Pensativa

Si miramos a alguien que está pensando, veremos que su mirada está extraviada.

Incómoda

Similar a la de tristeza.

Sorprendida

Con la sorpresa, los ojos se agrandan. Un truco muy efectivo es dibujar gotas de sudor.

Asustada

Cuando estamos asustados, el rostro se queda pálido o tenso.

Aliviada

El punto clave es la forma de los ojos.

Llorando de alegría

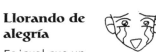

Es igual que un rostro llorando pero con una sonrisa.

La expresión facial se compone de movimientos de las cejas, de los ojos y de la boca. Incluso cuando se recurre a la caricatura, se puede expresar cualquier cosa si están asimiladas las formas básicas de esos movimientos.

La dificultad de plasmar emociones reside en el hecho de que cada expresión tiene una gran gama de matices en función de la situación.

© Yu Kinutani/Enix/G FAntasy/de "Lucky Racoon"

Para practicar es una buena idea mirarse al espejo y analizar la forma en que cada uno crea sus propias expresiones.

¿QUÉ PASA CONTIGO?

Análisis de muecas

EXPRESAR LA EDAD

DIFERENCIAS ENTRE ADULTOS Y NIÑOS

Observemos las siguientes figuras. Las proporciones de los ojos y de la nariz son diferentes en los adultos y los niños.

GA GA... QUIERO TETA...

1/2

1/4

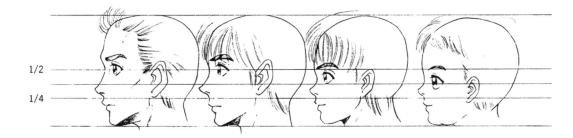

1/2

1/4

PARTICIÓN BÁSICA DE LAS CABEZAS

La línea de las cejas está en 1/2 en la infancia, mientras que a la edad adulta ojos y cejas quedan más altos.
La partición adulta empieza aproximadamente a los 16 años.

NO OLVIDÉIS QUE LA ESTRUCTURA ÓSEA SE VA MARCANDO MÁS A MEDIDA QUE CRECEMOS.

ROSTROS A DISTINTAS EDADES

Echemos un vistazo a las diferencias de expresión según la edad.

© Yu Kinutani/Media Works/Dengeki Comics EX/ "Angel Arm"

40-50 años

© Yu Kinutani/Media Works/Dengeki Comics EX/ "Angel Arm"

20-30 años

La diferencia al dibujar una chica y una mujer reside en los ojos: mientras que para las jovencitas se dibujan los ojos más grandes y se recurre a la estructura facial infantil, las mujeres tendrán los ojos más alargados y la nariz más pronunciada, que son los rasgos que le confieren un aire más adulto.

© Yu Kinutani/Media Works/Dengeki Comics EX/ "Angel Arm"

60-80 años

La edad anciana se expresa mediante arrugas, por decirlo en términos sencillos. Las mejillas y la mandíbula son más fláccidas, y se llegan a marcar los huesos. En función de la edad se puede dibujar el pelo menos denso o más canoso.

POR FIN TE EN- CUENTRO.

NO SÉ QUÉ SERÍA DE TI SIN MÍ.

VALE, YA ESTÁ BIEN.

DIFERENCIAS ENTRE HOMBRES Y MUJERES

Apenas existen diferencias entre la estructura facial de hombres y mujeres...

Pero los rasgos femeninos suelen dibujarse más pequeños que los masculinos. La mujer tendrá los ojos más grandes, y la boca y la nariz un poco más pequeñas. Esto le dará un aire delicado. Ahora bien, si el efecto que se quiere crear es de masculinidad, se dibujarán la boca y la nariz más grandes.

EL CABELLO

EL CABELLO

Cuando se dibujan personajes en acción, o en una escena con viento, el pelo tiene que reflejar movimiento.

Esta larga cabellera se mueve con el viento.

La dirección del movimiento crea una fuerza parecida a una ráfaga de viento.

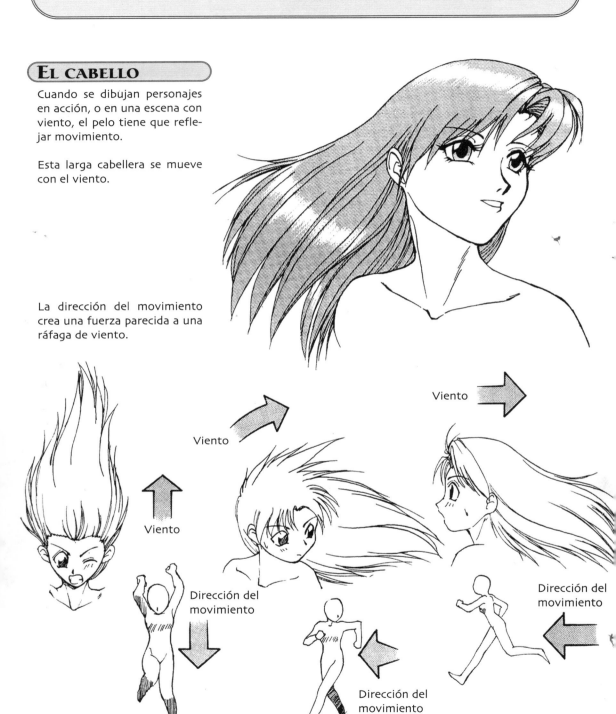

Viento

Viento

Viento

Dirección del movimiento

Dirección del movimiento

Dirección del movimiento

El cabello sigue el movi-
miento del cuerpo.

Dirección
del
movimiento

Gravedad

No olvidemos la fuerza
de la gravedad.

El cabello recogido

Es posible que tengamos personajes que lleven el pelo recogido.
La forma en que el cabello queda
entrelazado en la nuca con coletas
o trenzas puede plantearnos pro-
blemas, de manera que hemos
seleccionado algunos ejemplos de
peinados.

Vamos a hacer pruebas con pinceles y tramas para conseguir distintos tipos de pelo.

Los brillos se dibujan como si se viera cada uno de los cabellos por separado.

LOS ROTULADORES PINCEL

1. En primer lugar, se dibuja el contorno de los brillos en función del movimiento del cabello.

2. El contorno se rellena con un rotulador pincel.

Los trazos deben quedar afilados.

Ojo: si no se coge bien el rotulador, los trazos no salen bien.

Para que los brillos queden bien, hay que usar menos de un milímetro de la punta del pincel.

No creo que nadie lo coja así.

3. Hay que mover el pincel con el dedo índice únicamente. El pulgar debe estar quieto.

El pulgar está fijo. ▶

El pincel

Con un pincel viejo y desgastado se consiguen los mejores resultados.

Se esboza el contorno con lápiz azul.

1. Se dibuja primero un borrador para determinar la longitud del cabello. Luego se traza el contorno de la cabeza en azul. Si no se aprieta, el lápiz azul no aparece impreso.

2. Después de hacer una prueba en una hoja de borrador, se dibuja el pelo con el pincel. Luego se puede retocar con pluma o pincel.

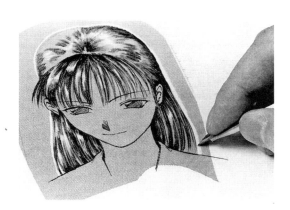

3. Se cubre la imagen totalmente con la trama (IC núm.63), y se recorta. Es mejor cubrir el dibujo entero porque si se comete algún error a la hora de cortar, se puede retirar la trama fácilmente y no nos arriesgamos a cortar otra adyacente.

Dibujo acabado

Tinta

Si no tenéis un pincel desgastado, podéis recurrir a los siguientes trucos.

Tinta china

1 FIZZ

2 DRIP DRIP DRIP **3** GRRRR GRRRR

Queda así. →

Pulgar

4

Tinta China

Se coge un pincel muy fino.

¡Ojo! Si lo acercamos demasiado a la llama se quema. Acercarlo a la llama más o menos a medio centímetro.

Si se usa un pincel nuevo, se puede mojar en tinta china y esperar unos segundos a que se endurezca un poco.

También se puede envolver el pincel en un pañuelo de papel y frotar con el pulgar para desgastar la punta.

Y luego se humedece ligeramente la punta en la tinta china para dibujar.

¡Ojo! Sólo se puede usar tinta china o tinta especializada, de lo contrario se puede estropear el pincel.

TRAMAS
(PEGAR Y AÑADIR GOUACHE BLANCO)

Se corta con la punta del cutter.

Se pega la trama.
Antes de cortar, se traza en azul el contorno del pelo y así tenemos un punto de referencia.

La posición del cutter en la mano es igual que la del lápiz.

Para cortar, se puede poner una hoja de papel encima de la trama para evitar que se estropee o que se dañe el gouache blanco al recortar. En principio, se puede usar cualquier tipo de hoja, aunque las translúcidas son muy prácticas.

RUB RUB RUB

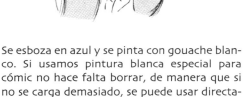

Se esboza en azul y se pinta con gouache blanco. Si usamos pintura blanca especial para cómic no hace falta borrar, de manera que si no se carga demasiado, se puede usar directamente sobre la trama y no se arrugará.

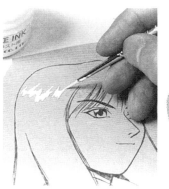

GOMA

Corregir con blanco

Se puede usar el gouache blanco para retocar el negro u otros colores oscuros.

Si vamos a aplicar gouache blanco sobre la trama, antes hay que pasar la goma de borrar.

Para definir mejor el pelo, se puede usar esta técnica del blanco después de haber pintado el negro.

Si se comete un error con el blanco, se usa un pincel para corregir.

Se puede dar brillo a los ojos con el blanco.

CARICATURIZAR PERSONAJES

Los cómics son dibujos caricaturizados que no tienen por qué reflejar la realidad. Basta con que sean divertidos y atractivos a la vista.

Las proporciones faciales

Aunque estemos dibujando un personaje adulto, se pueden utilizar las proporciones de los niños para darle un aspecto más cándido.

Por qué dibujar los ojos grandes

Se dibujan grandes no sólo por estética, sino porque en los cómics, los personajes se ven pequeños en función de la escena, y mediante esta técnica no pierden protagonismo.

Un ángulo difícil

Como se ve en la ilustración, aunque el ángulo complique la tarea de dibujar los ojos...

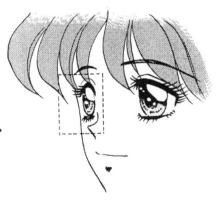

...se puede dibujar el ojo un poco más pequeño (caricaturizado) y el rostro del personaje queda perfecto.

Estilo libre en el manga

Los rostros manga pueden estar compuestos solamente de ojos y boca. Mientras se sepa que se trata de una cara, cualquier atrevimiento es válido.

Aquí tenemos unos ejemplos de caricaturas. Son uno de los elementos más interesantes de los cómics.

RESUMEN

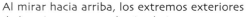

Al mirar hacia arriba, los extremos exteriores de los ojos se curvan hacia abajo.

Línea recta

ALGUNOS DIBUJANTES TRAZAN LÍNEAS CURVAS PARA SITUAR LOS OJOS Y LAS OREJAS Y DECIDEN ASÍ EL ÁNGULO DEL ROSTRO.

Los extremos exteriores de los ojos se curvan hacia arriba si el personaje mira hacia abajo. La línea de posición de los ojos y de las orejas es una línea recta, por eso aunque el ángulo cambie, recomendamos utilizar siempre líneas rectas.

LOS QUE ESTÉN ACOSTUMBRADOS NO TENDRÁN NINGÚN PROBLEMA, PERO PUEDE OCURRIR QUE LAS LÍNEAS CURVAS DISTORSIONEN LA FORMA DE LOS OJOS Y QUE EL PERSONAJE QUEDE DIFERENTE.

SÓLO PORQUE LOS PROFESIONALES NO RECURRAN A LAS LÍNEAS DE POSICIÓN NO QUIERE DECIR QUE VOSOTROS PODÁIS PRESCINDIR DE ELLAS.

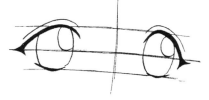

Para evitar esto, se pueden trazar tres líneas.

Hay que tener cuidado con el equilibrio entre los ojos. A pesar de trazar correctamente las líneas de posición, es posible que quede uno más bajo que el otro.

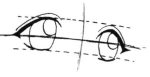

NADIE ES UN GENIO DEL DIBUJO DESDE EL PRIMER DÍA QUE COGE EL LÁPIZ.

PARA SER UN BUEN DIBUJANTE HAY QUE TRABAJAR, HAY QUE ESTUDIAR. ¡¡HAY QUE DEJARSE LA PIEL Y SUDAR TINTA!! PERO A MEDIDA QUE UNO MEJORA, TODO SE VUELVE MÁS AMENO.

CALLO →

Capítulo
SEGUNDO

CÓMO DIBUJAR
EL CUERPO

EL CUERPO DE LOS PERSONAJES

¡KIAAA!

CONCEPTOS BÁSICOS

Para dibujar el cuerpo, lo básico es conocer el esqueleto y el desnudo. Lo primero que hay que saber hacer es apreciar el espacio corporal.

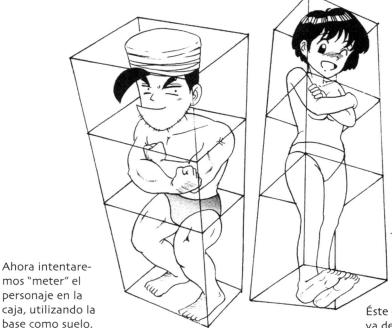

Para empezar a familiarizarnos con el espacio corporal, vamos a dibujar los personajes dentro de unas cajas en perspectiva.

La técnica de la perspectiva es la que se define en la figura siguiente.

Punto de fuga

Línea horizontal

Punto de fuga

Ahora intentaremos "meter" el personaje en la caja, utilizando la base como suelo.

Éste es el método de la perspectiva de dos puntos.

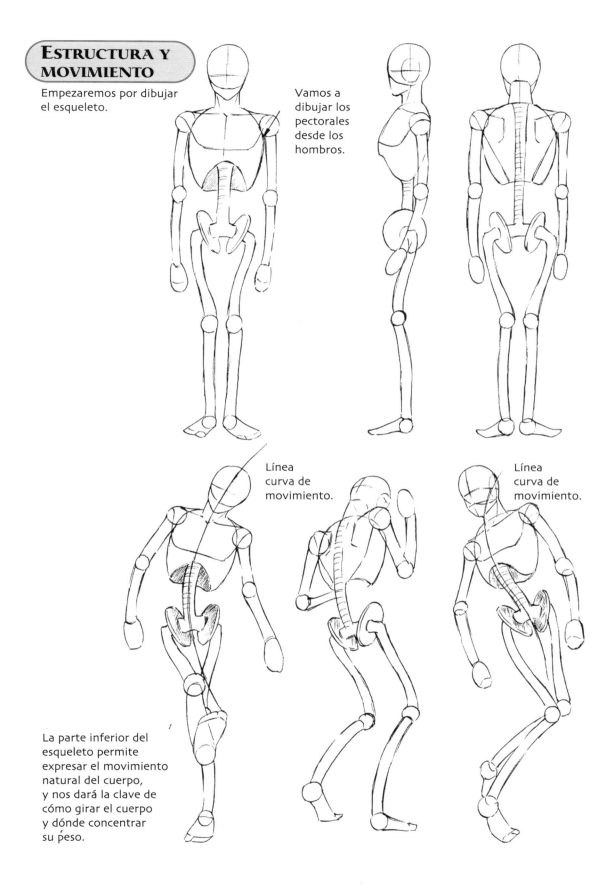

ESTRUCTURA Y MOVIMIENTO

Empezaremos por dibujar
el esqueleto.

Vamos a
dibujar los
pectorales
desde los
hombros.

Línea
curva de
movimiento.

Línea
curva de
movimiento.

La parte inferior del
esqueleto permite
expresar el movimiento
natural del cuerpo,
y nos dará la clave de
cómo girar el cuerpo
y dónde concentrar
su peso.

DIBUJAR EN BLOQUES

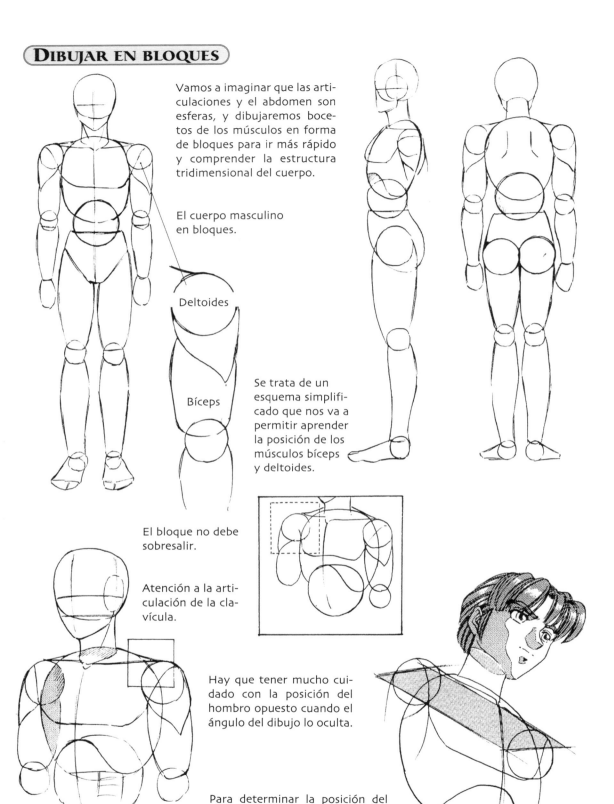

Vamos a imaginar que las articulaciones y el abdomen son esferas, y dibujaremos bocetos de los músculos en forma de bloques para ir más rápido y comprender la estructura tridimensional del cuerpo.

El cuerpo masculino en bloques.

Deltoides

Bíceps

Se trata de un esquema simplificado que nos va a permitir aprender la posición de los músculos bíceps y deltoides.

El bloque no debe sobresalir.

Atención a la articulación de la clavícula.

Hay que tener mucho cuidado con la posición del hombro opuesto cuando el ángulo del dibujo lo oculta.

Para determinar la posición del hombro opuesto, se dibuja suavemente a lápiz una caja en 3-D.

El cuerpo femenino
en bloques.

LOS BLOQUES SÓLO
SON LAS DIRECTRICES QUE
DEBES TENER PRESENTES.
SE PUEDEN AJUSTAR AL
GUSTO DE CADA UNO.

LOS BUENOS DIBUJANTES
TAMBIÉN SE FIJAN EN LAS
PARTES QUE NO SE VEN.

¡NO OS
DEJÉIS
NADA!

Los costados de los hombres se
dibujan más largos que los de las
mujeres, que son más cortos y
están unidos a la cintura casi
desde el esternón.

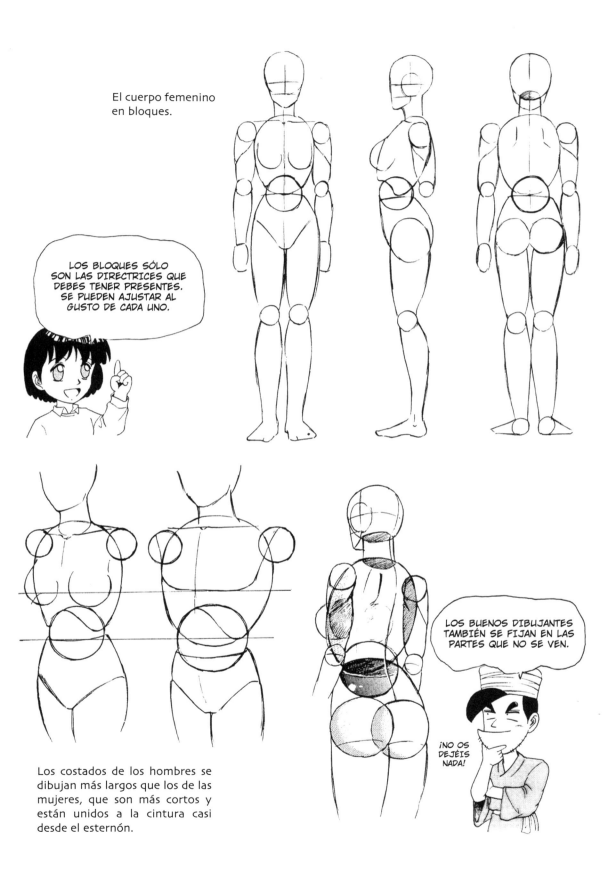

DAR MOVIMIENTO

Ahora aprenderemos a dibujar movimientos corporales combinando el método de los bloques con la línea curva de movimiento.

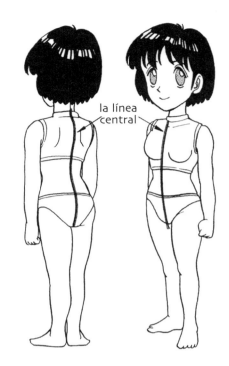

la línea central

La línea central permite equilibrar el lado izquierdo y el derecho del cuerpo, y se usa una para la parte delantera y otra para la trasera.

Para dibujar un personaje de pie, primero trazaremos la línea central en el lado visible.

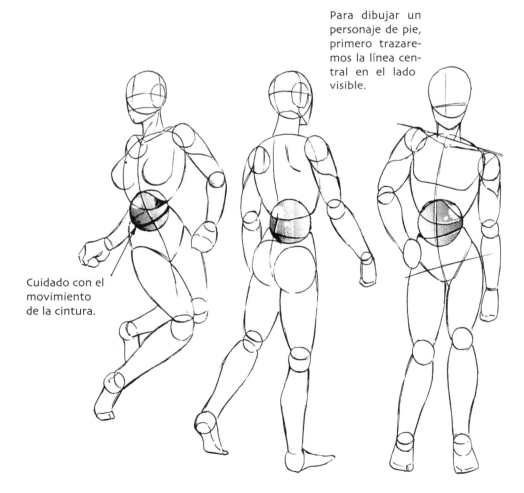

Cuidado con el movimiento de la cintura.

Imaginemos una línea central que siga la dirección del movimiento, ya que puede ocurrir que la línea visible quede distorsionada por la postura (una espalda doblada, etc.).

LA LÍNEA CURVA DE MOVIMIENTO

Mediante la curva del movimiento podremos dibujar correctamente las posturas de los personajes en acción.

Los elementos que queden en primer plano se dibujan más grandes para equilibrar la figura.

Curva de movimiento.

La línea central del cuerpo también puede ser curva.

Curva de movimiento.

DIBUJAR DESDE ÁNGULOS COMPLEJOS

Mediante el método de los bloques se puede dibujar una amplia gama de posturas, pero para los ángulos complejos, es más sencillo utilizar el método del esqueleto.

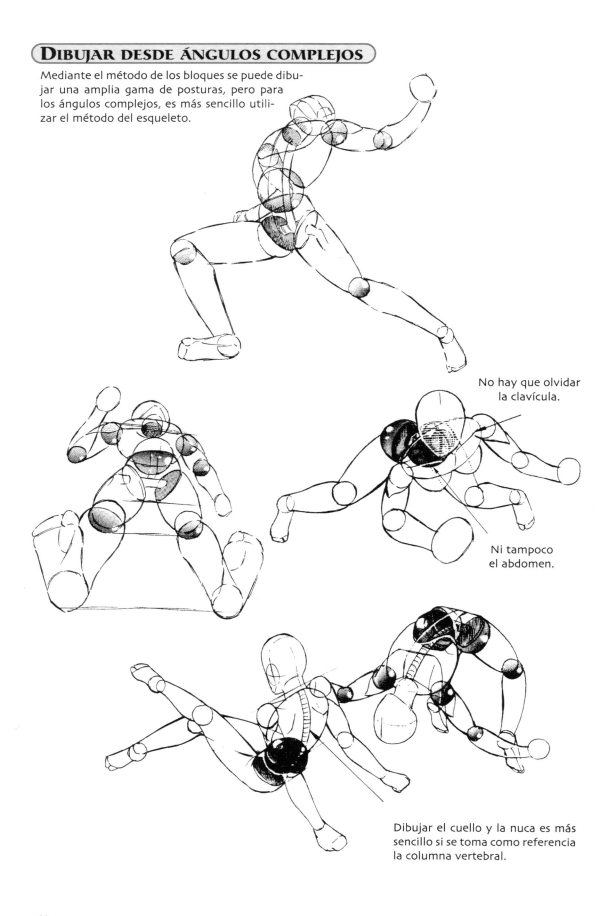

No hay que olvidar la clavícula.

Ni tampoco el abdomen.

Dibujar el cuello y la nuca es más sencillo si se toma como referencia la columna vertebral.

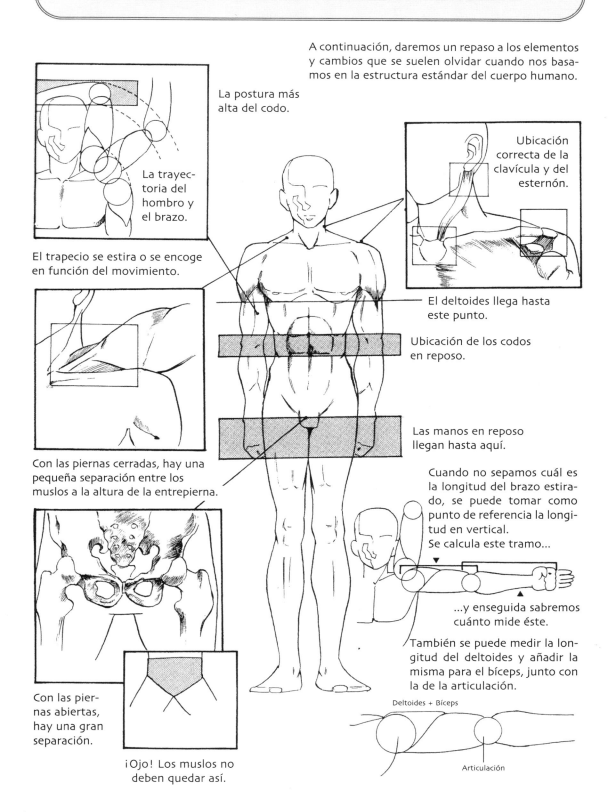

A continuación, daremos un repaso a los elementos y cambios que se suelen olvidar cuando nos basamos en la estructura estándar del cuerpo humano.

La postura más alta del codo.

La trayectoria del hombro y el brazo.

El trapecio se estira o se encoge en función del movimiento.

Ubicación correcta de la clavícula y del esternón.

El deltoides llega hasta este punto.

Ubicación de los codos en reposo.

Con las piernas cerradas, hay una pequeña separación entre los muslos a la altura de la entrepierna.

Las manos en reposo llegan hasta aquí.

Cuando no sepamos cuál es la longitud del brazo estirado, se puede tomar como punto de referencia la longitud en vertical.
Se calcula este tramo...

...y enseguida sabremos cuánto mide éste.

También se puede medir la longitud del deltoides y añadir la misma para el bíceps, junto con la de la articulación.

Deltoides + Bíceps

Articulación

Con las piernas abiertas, hay una gran separación.

¡Ojo! Los muslos no deben quedar así.

LA ESPALDA

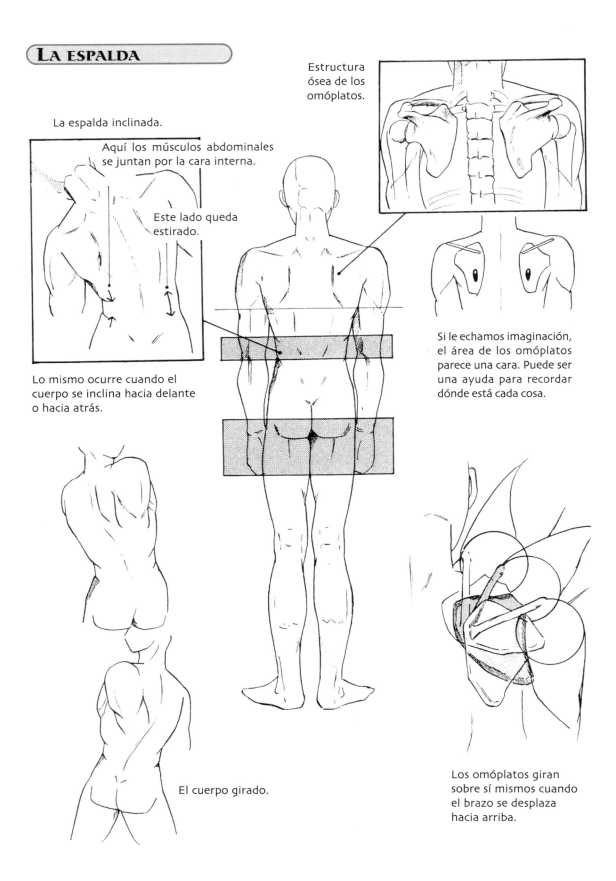

La espalda inclinada.

Aquí los músculos abdominales se juntan por la cara interna.

Este lado queda estirado.

Lo mismo ocurre cuando el cuerpo se inclina hacia delante o hacia atrás.

Estructura ósea de los omóplatos.

Si le echamos imaginación, el área de los omóplatos parece una cara. Puede ser una ayuda para recordar dónde está cada cosa.

El cuerpo girado.

Los omóplatos giran sobre sí mismos cuando el brazo se desplaza hacia arriba.

Lo fundamental sobre manos y pies: el tamaño estándar de la mano es el suficiente para cubrir el rostro.

El hombro se puede desplazar hacia atrás y adelante.

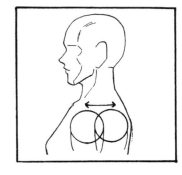

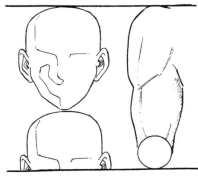

La longitud del brazo es equivalente a la de una cabeza y media.

Cuando el cuerpo está inclinado hacia adelante, los hombros se adelantan.

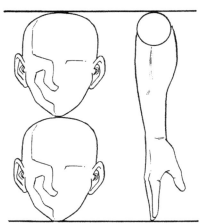

La longitud del antebrazo con los dedos extendidos es equivalente a la de dos cabezas.

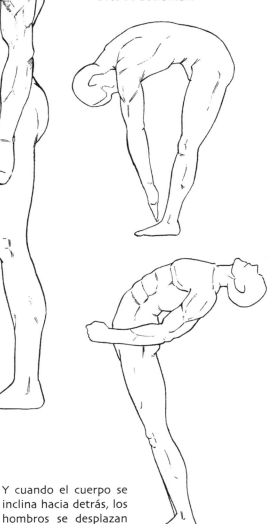

Y cuando el cuerpo se inclina hacia detrás, los hombros se desplazan un poco hacia atrás.

DIFERENCIAS ENTRE HOMBRES Y MUJERES

Las mujeres tienen normalmente los hombros más estrechos y la estructura ósea del pecho más pequeña que la de los hombres. La diferencia más significativa es la pelvis.

La cadera de la mujer llega a la altura del ombligo y por encima de éste está la cintura.

Los pezones quedan más arriba en los hombres.

La parte superior de la cadera llega a la altura del ombligo.

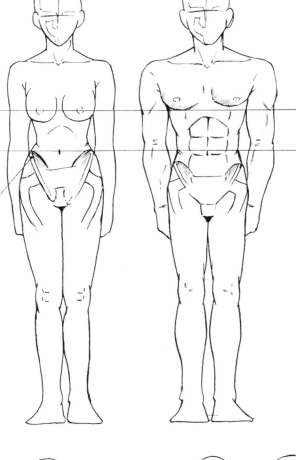

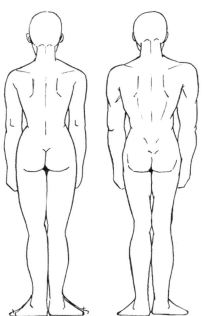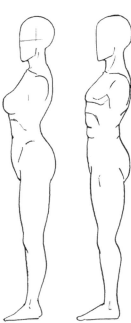

La forma del cuerpo de los hombres es como un triángulo invertido, mientras que las mujeres tienen las caderas más anchas.

PROPORCIONES

La proporción del cuerpo viene dada por el número de cabezas de largo, de manera que empecemos por preguntarnos cuántos largos existen.

El tamaño de la cabeza varía al modificar el número de cabezas que le damos a un mismo cuerpo.

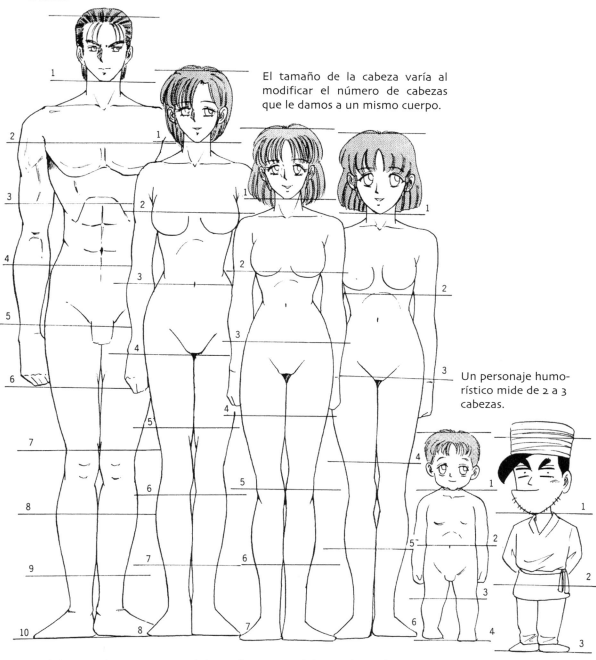

Un personaje humorístico mide de 2 a 3 cabezas.

Los héroes miden de 9 a 10 cabezas.

Las modelos miden de 7 a 8 cabezas

Un adulto medio mide de 6 a 7 cabezas.
Los ancianos se suelen dibujar con 5 ó 6 largos de cabeza.

Un bebé mide de 3 a 4 cabezas.

LAS MANOS Y LOS PIES

CÓMO DIBUJAR LAS MANOS

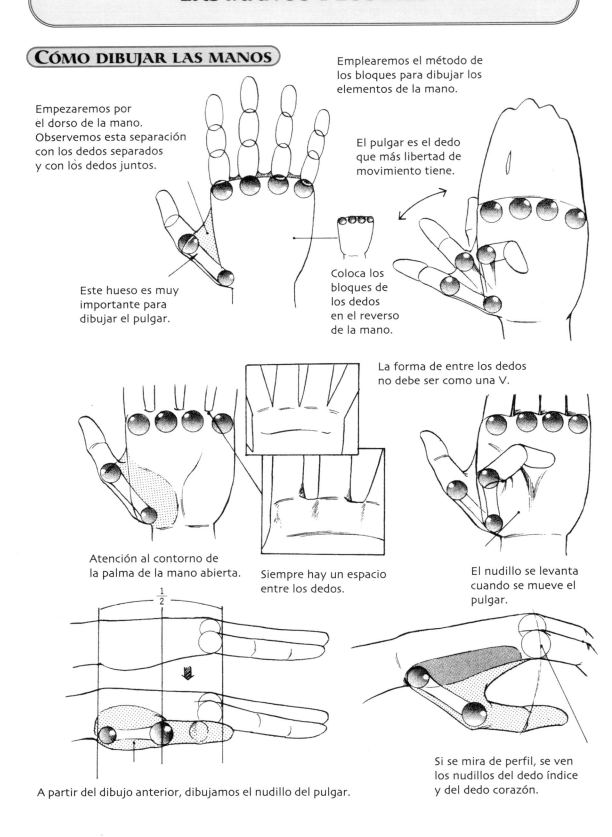

Emplearemos el método de los bloques para dibujar los elementos de la mano.

Empezaremos por el dorso de la mano. Observemos esta separación con los dedos separados y con los dedos juntos.

El pulgar es el dedo que más libertad de movimiento tiene.

Este hueso es muy importante para dibujar el pulgar.

Coloca los bloques de los dedos en el reverso de la mano.

La forma de entre los dedos no debe ser como una V.

Atención al contorno de la palma de la mano abierta.

Siempre hay un espacio entre los dedos.

El nudillo se levanta cuando se mueve el pulgar.

$\frac{1}{2}$

A partir del dibujo anterior, dibujamos el nudillo del pulgar.

Si se mira de perfil, se ven los nudillos del dedo índice y del dedo corazón.

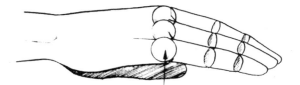

Si se mira la mano por el lado exterior se ve cómo sobresalen los nudillos.

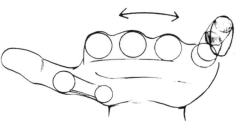

¡OJO! No olvidemos pensar en 3-D.

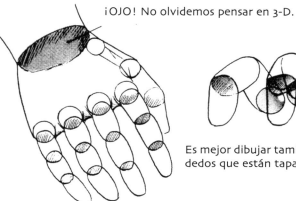

Es mejor dibujar también los dedos que están tapados.

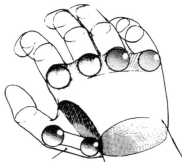

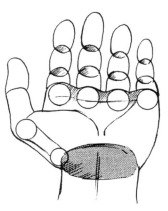

No hay que olvidar que el hueso está recubierto de músculos.

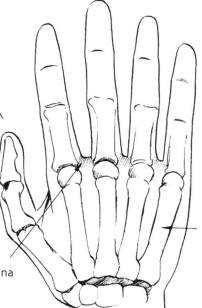

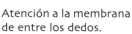

Atención a la membrana de entre los dedos.

Hay que tener en cuenta que los huesos de los dedos salen de la muñeca.

Las manos cambian totalmente de aspecto según la posición de la muñeca y el ángulo. A veces es difícil plasmarlo en papel sólo a partir de la teoría y de la imagen. En este caso, es mejor tomar como modelo tu propia mano y dibujarla ante un espejo.

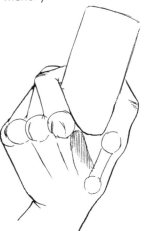

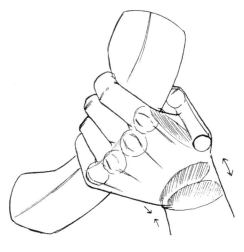

El movimiento de la muñeca es importante.

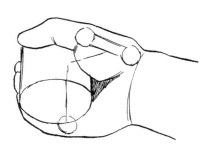

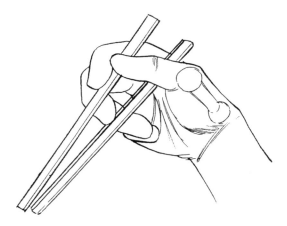

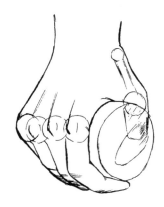

Cómo dibujar los pies

Los pies, como las manos, se pueden dibujar con el método de los bloques.

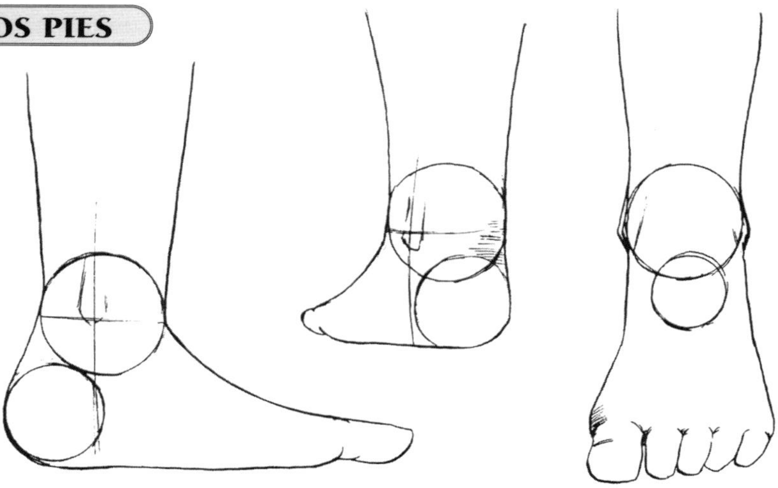

Una forma de representar los pies es imaginar que el tobillo es una esfera, y el talón otra. Luego se añaden las demás partes.

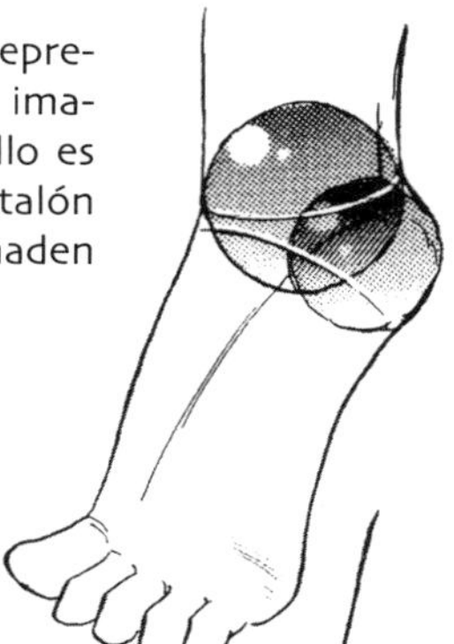

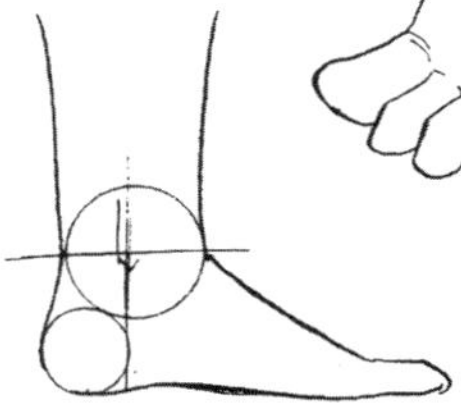

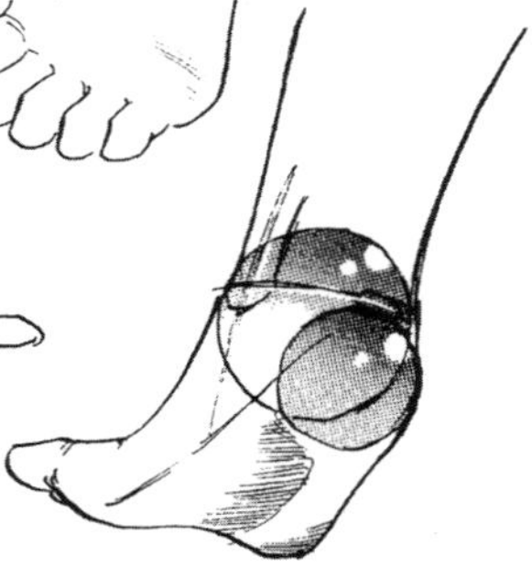

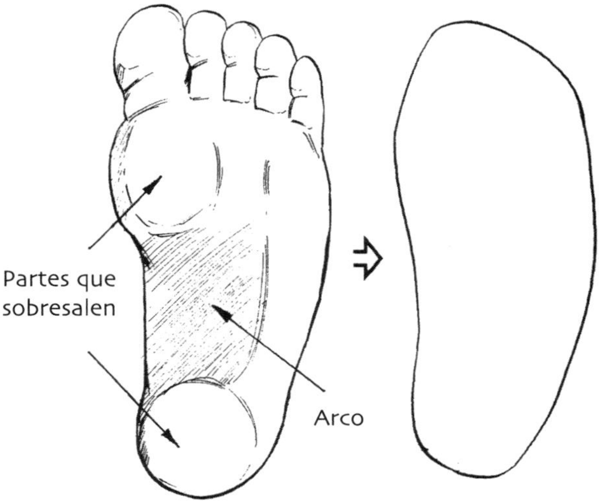
Partes que sobresalen
Arco

La planta del pie es parecida a una suela de zapato.

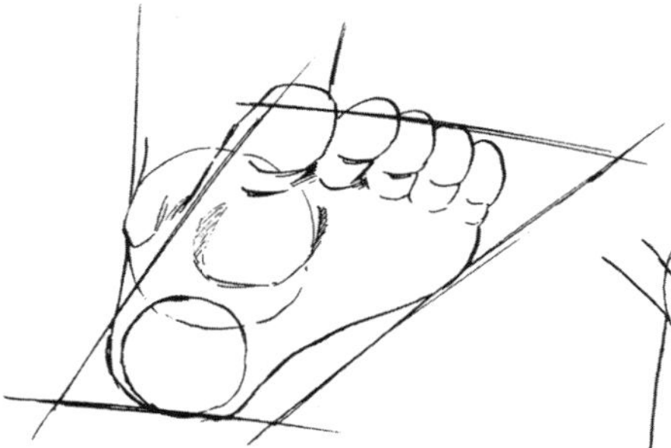

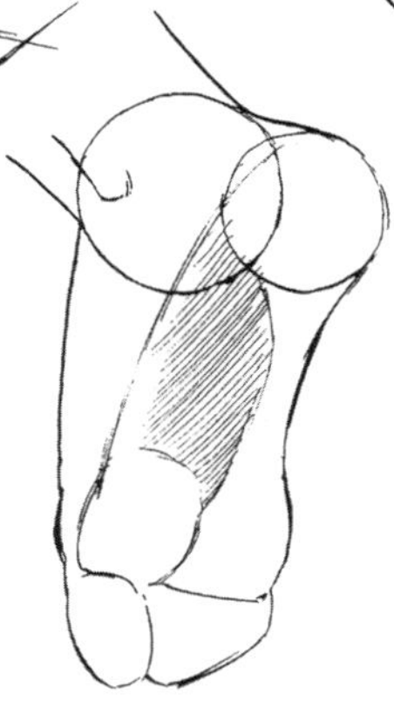

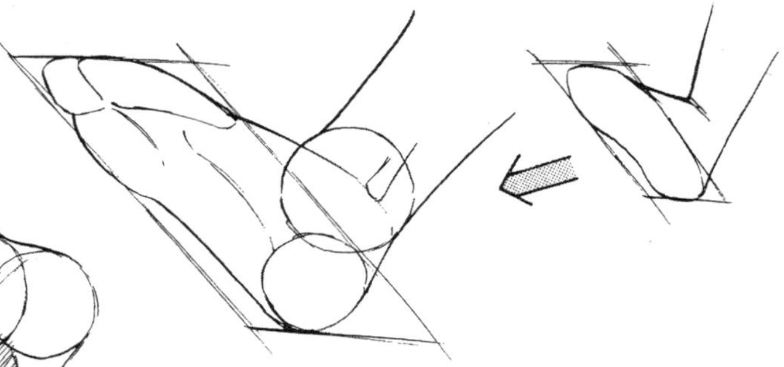

Será más sencillo dibujar un plano del pie donde se vea la planta si imaginamos que la zona del empeine es un zapato.

DIBUJAR PLIEGUES EN LA ROPA

Vamos a analizar la forma de los tejidos.

LOS PLIEGUES NO SON ELÁSTICOS, SE FORMAN DE DISTINTAS MANERAS EN FUNCIÓN DE LA FUERZA PROCEDENTE DE DISTINTOS ÁNGULOS, MOVIMIENTOS, O POR LA GRAVEDAD.

LA ROPA SE ARRUGA DE UNA MANERA U OTRA EN FUNCIÓN DEL TEJIDO, PERO LO FUNDAMENTAL ES LO QUE MUESTRA LA FIGURA A.

Figura A

Luz

Sombra

Fuerza →

← Fuerza

LOS PLIEGUES SE PUEDEN REPRESENTAR INCLUSO CON SÓLO UNA LÍNEA.

PARA DIBUJAR SOMBRAS, HAY QUE PENSAR DÓNDE HACE SOMBRA LA ARRUGA EN EL TEJIDO.

COMO SE TRATA DE UN CÓMIC, NO HACE FALTA QUE ESTÉ PERFECTO. BASTA CON CONSEGUIR EL EFECTO.

Cuando se estira hacia atrás.

LAS ARRUGAS

Como muestra la figura, este pliegue aparece cuando la propia arruga se solapa con el tejido.

Así se ven los pliegues que se forman por la gravedad.

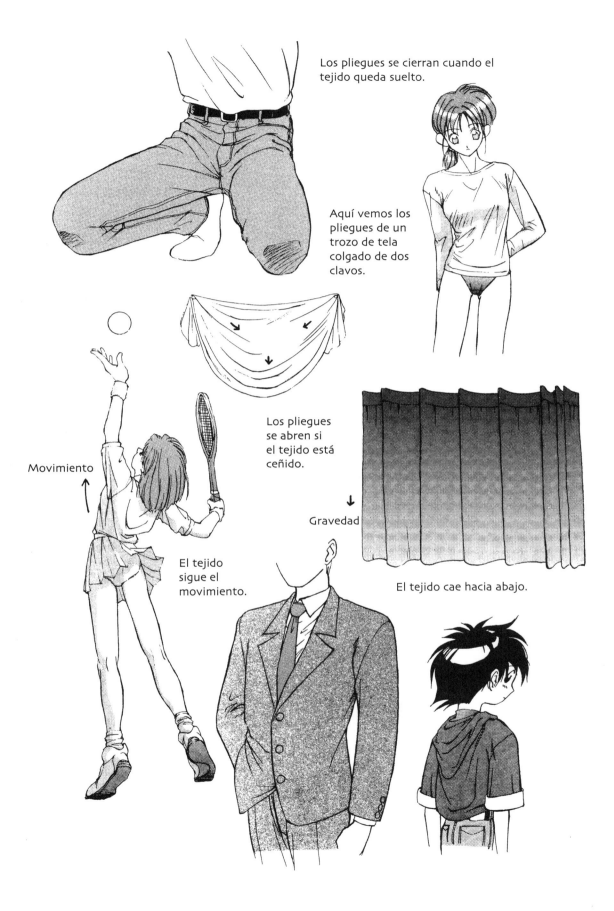

Los pliegues se cierran cuando el tejido queda suelto.

Aquí vemos los pliegues de un trozo de tela colgado de dos clavos.

Los pliegues se abren si el tejido está ceñido.

Movimiento

↓

Gravedad

El tejido sigue el movimiento.

El tejido cae hacia abajo.

DIBUJAR UNA CHAQUETA DE PIEL

1. Primero, se dibuja un esbozo a lápiz para decidir dónde colocar las sombras.

2. Después se entinta y se añade una trama de 30% de densidad (núm. 63).

3. A continuación se crean los brillos con el cutter.

Figura terminada

También se puede dar brillo así a un uniforme escolar

La luz da en la parte levantada del pliegue.

El efecto 3-D se consigue mediante el juego de luz y de sombra. Los brillos también sirven para marcar los bordes.

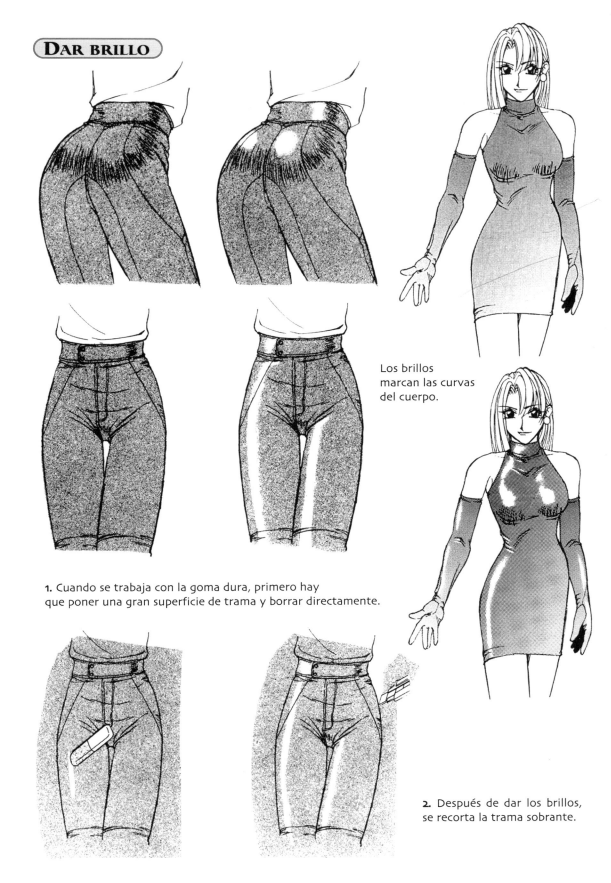

Los brillos
marcan las curvas
del cuerpo.

1. Cuando se trabaja con la goma dura, primero hay
que poner una gran superficie de trama y borrar directamente.

2. Después de dar los brillos,
se recorta la trama sobrante.

LAS SOMBRAS EN EL MANGA

Dos tipos de sombras

En el cómic se utilizan dos tipos de sombras. Una es el resultado de la luz del sol.

La otra sirve para dar el efecto 3-D al dibujo.

VAMOS A PRACTICAR ESTAS SOMBRAS.

A CONTINUACIÓN, VEREMOS CÓMO COMBINAR AMBOS ESTILOS SIN PERDER DE VISTA LA PROCEDENCIA DE LA LUZ.

EL SECRETO DEL EFECTO 3-D CONSISTE EN JUGAR CON LA LUZ Y LA SOMBRA.

Atención: Hay que tener en cuenta la procedencia de la luz al dibujar cualquier objeto que proyecte una sombra, de lo contrario el efecto no estará bien conseguido.

CARICATURIZAR EL CUERPO

¿CÓMO SE DIBUJA UN SUPERDEFORMED?

Consiste en dibujar el cuerpo con el tamaño estándar de un cuerpo de niño o de bebé.

4 a 5 cabezas (niños)

3 cabezas (bebés)

Si se usa la longitud estándar de brazo no queda bien.

La longitud de brazo para los bebés es la misma que para los personajes con una altura de tres cabezas. Las manos y los codos estarán situados en la misma posición que para los adultos. Los brazos de los deformeds quedan muy bien si se dibujan con una longitud basada en la del cuerpo.

LO MÁS IMPORTANTE DEL MANGA

La primera impresión es la que cuenta. ¿Queda gracioso? ¿Queda imponente? ¿Queda bonito? Mientras quede bien a simple vista, el dibujo es aceptable aunque las proporciones no estén del todo correctas.

¡¡ENCANTADO DE CONOCERTE!!

Si dibujamos en perspectiva, los objetos que están más cerca se dibujan más grandes y los que están lejos, más pequeños.

¿Cuál de estos dos dibujos tiene mejor efecto 3-D?

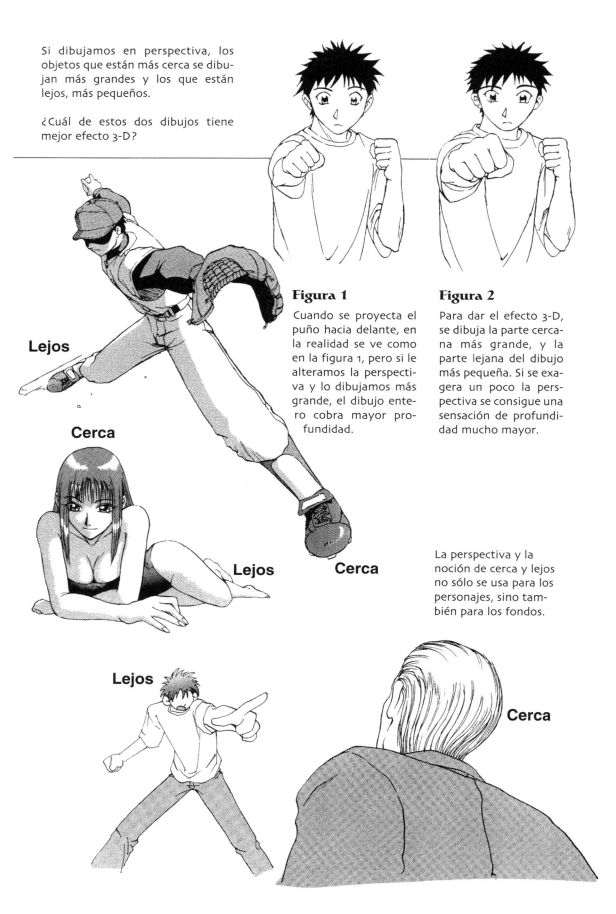

Lejos

Cerca

Lejos

Cerca

Figura 1

Cuando se proyecta el puño hacia delante, en la realidad se ve como en la figura 1, pero si le alteramos la perspectiva y lo dibujamos más grande, el dibujo entero cobra mayor profundidad.

Figura 2

Para dar el efecto 3-D, se dibuja la parte cercana más grande, y la parte lejana del dibujo más pequeña. Si se exagera un poco la perspectiva se consigue una sensación de profundidad mucho mayor.

La perspectiva y la noción de cerca y lejos no sólo se usa para los personajes, sino también para los fondos.

Lejos

Cerca

TÉCNICAS BÁSICAS DE DIBUJO

¿QUÉ ES ESBOZAR?

Esbozar es dibujar tal como se ve a simple vista. El esbozo se dibuja después del borrador, sirve de base para el dibujo.

Cuando dibujamos una cara, por ejemplo, lo primero que hay que mirar es el equilibrio general del rostro, y luego se deciden los puntos de apoyo para la estructura ósea, los ojos y la nariz.

Una vez terminado el borrador, se trabajan los detalles y eso es lo que se llama esbozo.

EL BORRADOR SIRVE PARA CAPTAR LA FORMA.

Si se empieza por los detalles, será difícil comprender el equilibrio general, y probablemente habrá que retocar y corregir más elementos.

ÉSTOS SON LOS FUNDAMENTOS BÁSICOS DEL DIBUJO, NO SÓLO SE APLICAN AL ROSTRO Y AL CUERPO...

...SINO TAMBIÉN A LOS FONDOS.

Y ESO QUÉ ES, ¿UN PICASSO O QUÉ?

Dibujar manga consiste en plasmar sobre el papel las imágenes que se dibujan en la mente.

AUNQUE PENSÁNDOLO BIEN, NO ES TAN FÁCIL SACAR UN DIBUJO DE UNA IDEA ASÍ COMO ASÍ.

PUES ENTONCES, PARA DIBUJAR LA IMAGEN QUE TENEMOS EN MENTE...

...ES NECESARIO ADQUIRIR UNA SERIE DE CONOCIMIENTOS.

COMO EL ESQUELETO, LA GRAVEDAD Y TAL...

TENIENDO ESOS CONOCIMIENTOS ASIMILADOS, NOTARÉIS LA DIFERENCIA AL PONEROS A DIBUJAR Y SERÁ MÁS FÁCIL PLASMAR LAS IMÁGENES MENTALES.

VAYA CON EL VIEJO VERDE...

TUMB

ADEMÁS DE ESO, HAY QUE ADQUIRIR CIERTA EXPERIENCIA, PERO ESO NO PODEMOS DARLO AQUÍ, ASÍ QUE CADA UNO SE LAS TENDRÁ QUE APAÑAR SOLITO.

EL DESNUDO

No es cuestión de dibujar a partir de un modelo de carne y hueso, así que tomaremos como modelo para hacer esbozos colecciones de fotos o similares.

EN LAS LIBRERÍAS HAY LIBROS DE FOTOS CON CUERPOS EN DIVERSAS POSTURAS.

OTRA VEZ, OTRA VEZ, HASTA QUE ME SALGA.

RECOGEN EL CUERPO VISTO DESDE ARRIBA, DESDE EL CENTRO, Y DESDE UN ÁNGULO DE 360 GRADOS.

DIBUJAD UN PAR DE ELLAS CADA DÍA, TENIENDO EN MENTE EL ESQUELETO.

Así, no sólo comprenderéis mejor el cuerpo humano, sino que además podréis bocetar cada vez mejor y aguzar el sentido del espacio y de la perspectiva.

DESCUBRIRÉIS COSAS EN LAS QUE NO OS HABÍAIS FIJADO ANTES.

POWER UP!

RESUMEN

Ahora es vuestro turno para practicar todo lo que hemos visto con el método del capítulo 2, dibujar en bloques.

Por cierto, para dibujar al maestro en bloques tenéis que proceder así:

SI AL DIBUJAR EN BLOQUES SE CONFUNDEN LAS LÍNEAS Y OS PARECE UN LÍO...

Azul claro

...UTILIZAD UN LÁPIZ AZUL CLARO.

PRIMERO SE DIBUJA A LÁPIZ AZUL, Y LUEGO CON EL NORMAL SE TRAZAN LAS LÍNEAS DEFINITIVAS.

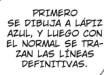

¡Ojo a la presión del trazo!

SCRICH

Nota:
No hay que apretar demasiado cuando se dibuja sobre el manuscrito; más bien hay que emplear un trazo suave y delicado. El azul no sale impreso, pero si apretamos se puede marcar y será difícil borrarlo.

Una forma de localizar fallos es darle la vuelta a la hoja y mirar el dibujo a contraluz.

Reverso del dibujo

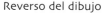

TAMBIÉN VENDEN MINAS AZULES PARA PORTAMINAS.

CLIC
CLIC
CLIC

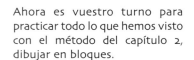

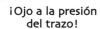

Capítulo TERCERO

CÓMO CREAR PERSONAJES

LOS TRES ELEMENTOS PRINCIPALES DEL MANGA

Los tres elementos principales en la historia de un manga son el tema, el argumento y el protagonista.

TEMA

Letraset 61
IC 426
Superpuestas

¿QUÉ SE TE OCURRE PARA EL TEMA?

PUEES... "AMOR", "LIBERTAD", "PAZ"...

SI NOS PASAMOS DE METAFÍSICOS, EL TEMA PUEDE QUEDAR DEMASIADO ABSTRACTO.

I AM THE CHAMPION!!

¿Qué es lo que desea?

¿Quiere combatir el mal?

¿Quiere conquistar el corazón de la persona amada?

ESA BOLA PERTENECE A LOS HAKKENSHI.

SI REÚNO LAS 7 BOLAS PODRÉ PEDIR UN DESEO.

¿Qué queremos decir?

SIEMPRE TE HE AMADO.

OH.

NO PODEMOS SEGUIR TRATANDO ASÍ A LA MADRE TIERRA.

¿Cómo evoluciona el personaje?

QUÉ MALO SOY...

ME GUSTAN LOS HOMBRES BUENOS.

¡¡¡POR ELLA CAMBIARÉ Y SERÉ UN TROZO DE PAN!!!

Éstos son algunos ejemplos, y hay muchas más posibilidades, pero es más sencillo partir del personaje principal y sus objetivos que de una idea que queramos comunicar a los lectores. Por otra parte, si se narra la historia a través del protagonista, la trama tendrá coherencia y un desarrollo correcto.

Pongamos que vosotros, los lectores, queréis un ordenador. El tema sería pues "conseguir un ordenador". ¿Qué haríais si fuerais el protagonista?

¿DE MESA?

¿UN POWER MAC?

AAAAH, QUIERO UN ORDENADOR YA.

Alguno se lo pediría a sus padres.

MAMI, CÓMPRAMELO-OOO.

Otros trabajarán para pagárselo.

¿LE PONGO PATATAS?

Cada uno reaccionará de una manera distinta, según su personalidad y carácter.

Si al pedirlo mamá os manda a freír espárragos...

Aquí empieza el dramatismo.

¿PERO CÓMO SE TE OCURRE PEDIR UNA COSA TAN CARA?

Entonces no habría guión.

PORFA, PORFA... QUE ME PORTARÉ BIEN.

UY, CREO QUE ME HE PASADO.

SI ME TRAES UN 10 EN EL PRÓXIMO EXAMEN ME LO PENSARÉ.

De este modo, y según su personalidad...

...cada personaje toma unas decisiones, y se crea el drama dentro del argumento.

A VECES TAMBIÉN OCURREN COSAS POR CASUALIDAD, INESPERADAMENTE, Y SE PUEDEN INCLUIR EN EL CONJUNTO.

Hay algunos principios básicos que rigen la estructura de un guión:
Introducción, desarrollo, clímax y desenlace.

¿Qué quiere decir todo esto?
Primero, vamos a ver a qué género pertenece el tema que hemos escogido para nuestro protagonista. Quiere conseguir a la chica que le gusta, así que será una comedia romántica.

Un manga de amor con un toque humorístico.

INTRODUCCIÓN

Sirve para situar al lector en el mundo creado, y para empezar a narrar la historia.

El primer paso es mostrar al lector quién es el personaje principal. Aquí se trata de un chico grandote y con cara de pocos amigos al que todo el mundo tiene miedo.

Pero a este personaje le dan pánico los perros.

En la introducción se describe la situación y se esboza la personalidad del protagonista, incluyendo la razón por la que le gusta la chica.

Los ojos de corazón ya no se llevan, pero a él le da igual.

Ésta es la chica que le gusta.

ELLA ES LA ÚNICA QUE NO ME TIENE MIEDO.

¡BUENAS!

¡HOLA!

EL DESARROLLO

En el desarrollo, la historia sigue adelante.

Quizá un poco abrupto...

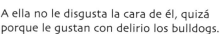

ME GUSTAS, ¿QUIERES SALIR CONMIGO?

A ella no le disgusta la cara de él, quizá porque le gustan con delirio los bulldogs.

Pero la chica no puede llevarse bien con un hombre al que no le gustan los perros.

¡¡GROSERO!!

¿Y A ÉSTE QUÉ LE PASA?

CLÍMAX

La historia se desarrolla en distintas direcciones, y en un momento dado habrá un punto de inflexión y un clímax.

El prota ha sido rechazado, pero ahora reaccionará acorde al tema de nuestra narración.

Entonces se somete a un tratamiento de choque para superar el miedo a los perros.

¡¡O CONSIGO A ESA CHICA O JAMÁS CONOCERÉ EL AMOR VERDADERO!!

OOH... OOOH

... UGH... UGH...

GUAU GUAU GUAU

BOLA DE HIERRO POOCHIE NÚM. 1

Y entonces decide ir a verla otra vez.

VAMOS

VAMOS

DESENLACE

A partir de aquí es cuando se empiezan a exponer los resultados que llevarán a una conclusión. Algo puede cambiar, o puede haber una progresión.

BUENO, AHORA YA PODEMOS SER AMIGOS.

¡¡BIEEEEEN!!

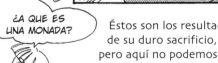

Y entonces, muestra el resultado de su entrenamiento especial.

(Está tan asustado que para plasmar ese miedo lo hemos dibujado con la izquierda.)

Le premiamos por su esfuerzo.

El prota se ha acostumbrado más o menos a los perros, pero le siguen dando un miedo horrible.

¿A QUE ES UNA MONADA?

AAH

¡AAAAARGH!

Éstos son los resultados de su duro sacrificio, pero aquí no podemos dejar la historia porque queda incompleta, así que recurrimos al epílogo. Se trata de añadir unos gags para que a los lectores les quede una buena impresión.

SE LO PONES DIFÍCIL, ¿EH?

LO MÁS IMPORTANTE AL CREAR UNA HISTORIA

Por mucho esfuerzo que le pongamos a dibujar un manga, será inútil si nuestra historia no llega a los lectores.

Lo más importante es que el guión sea fácil de entender. Para ello, tiene que ser fácil de leer.

Quién hace qué, cuándo y dónde son elementos clave y deben quedar claros desde el principio.

A continuación vendrá el porqué, el pero, las razones, lo ocurrido, etc.

Todo lo que ocurre en el presente de nuestra historia tiene relación con el pasado, y afectará el desenlace.

ME GUSTAS, ¿QUIERES SALIR CONMIGO?

Los lectores deben comprender esta evolución.

ELLA ES LA ÚNICA QUE NO ME TIENE MIEDO.

¡BUENAS!

¡HOLA!

Pasado (motivo)

ME GUSTAS, ¿QUIERES SALIR CONMIGO?

Presente (acción)

¡¡GROSERO!!

Futuro (conclusión)

TAMBIÉN HAY OTROS FACTORES, COMO POR EJEMPLO LA COMPOSICIÓN, PERO EN ESTA PÁGINA SÓLO TOCAMOS LOS ELEMENTOS BÁSICOS.

Los 6 puntos principales

- Quién.
- Cuándo.
- Dónde.
- Qué.
- Por qué.
- Cómo, lo que ocurrió y cómo terminó.

Siempre hay que tener en cuenta estos seis puntos.

EL PROTAGONISTA

El tema y el guión son muy importantes, pero aún lo es más el protagonista, que es el hilo conductor.

Un trabajo bien logrado está formado por encima de todo de un personaje principal fuerte, que vive la historia intensamente. Incluso cuando los lectores se olviden de la historia, el carácter del personaje permanecerá en su mente.

Analicemos un ejemplo. El manga Ranma 1/2, de Rumiko Takahashi, tiene un protagonista que se llama Ranma Saotome. Este chico se marcha a China con su padre para aprender artes marciales y durante el entrenamiento cae en una fuente de agua caliente mágica, y desde ese momento, cuando entra en contacto con el agua fría, se transforma en chica, y cuando toca el agua caliente, vuelve a su estado normal.

Si pensamos en el tipo de personaje que es Ranma, recordaremos que es de carácter valiente, de espíritu competitivo y un indeciso con las chicas. Lo más característico de Ranma es que se transforma en chica con el agua fría y en chico con el agua caliente, y que tiene múltiples temas. Uno de ellos es deshacerse del encantamiento de la fuente mágica. Otro es el hecho de que sea competitivo. Un tercer tema que explota a lo largo del cómic es su relación con Akane Tendo, la hija de su anfitrión.

Aparte de esto, alrededor de él se desarrollan historias completas con personajes especiales, todas distintas, pero siempre giran en torno a esos tres temas centrales.

Definir un personaje sin nada a su alrededor es muy difícil.

Si por ejemplo, hay un héroe...

Pero no hay malos a los que se pueda enfrentar...

JU JU

SHHH.

MAMI, ESA SEÑORA ESTÁ LOCA.

Pero si creamos un malo...

...el héroe podrá hacer su papel.

REY DE LOS PERVERTIDOS

Un ejemplo básico es el enfrentamiento entre un héroe apasionado y un rival frío. El carácter de cada uno revelará y amplificará el del otro.

Sin embargo, si la personalidad del héroe y del antihéroe son parecidas, será difícil que rivalicen a menos que ambos sean muy apasionados. Si tienen personalidades corrientes, resultará más complicado que exista antagonismo entre ellos y corremos el riesgo de dibujar un manga en el que no pase nada.
Claro que aun así, si es divertido...

Grrrrr

HMMMF

HUM

YO SOY PACIFISTA.

Y YO TAMBIÉN

PUES ENTONCES ESTÁ TODO DICHO.

¿SE PUEDE SABER QUIÉN ES EL PROTA?

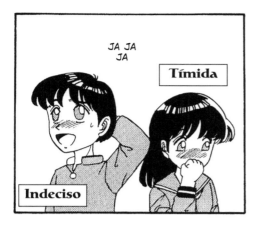

Aquí vemos un ejemplo procedente de la comedia romántica.
Si la chica y el chico son tímidos
y no se deciden a declararse, la
historia no se desarrolla y no se
definen los personajes.

Pero si aparece un rival con un
carácter atrevido o decidido,
marcará el carácter de los otros
dos personajes y la historia
tendrá un desarrollo más interesante.

El antagonista y los personajes que rodean al
protagonista son muy importantes para definir el
marco en que éste se mueve y su personaje en
general.
Las obras de Rumiko Takahashi constan de una
abundante gama de personajes, y todos están
bien definidos para destacar la personalidad del
protagonista.

Citando sus palabras, "en el manga lo principal
son los personajes y sus circunstancias. Una vez
tenemos esta idea, que es el tema, se crea la
trama."
Definir los personajes con destreza es el secreto
fundamental del manga. No es una tarea fácil,
pero podemos tomar como modelo las obras de
Rumiko Takahashi.

LO QUE DEFINE
LA PERSONALIDAD
Y EL CARÁCTER ES
LA INTERACCIÓN
DE LOS PERSONAJES.

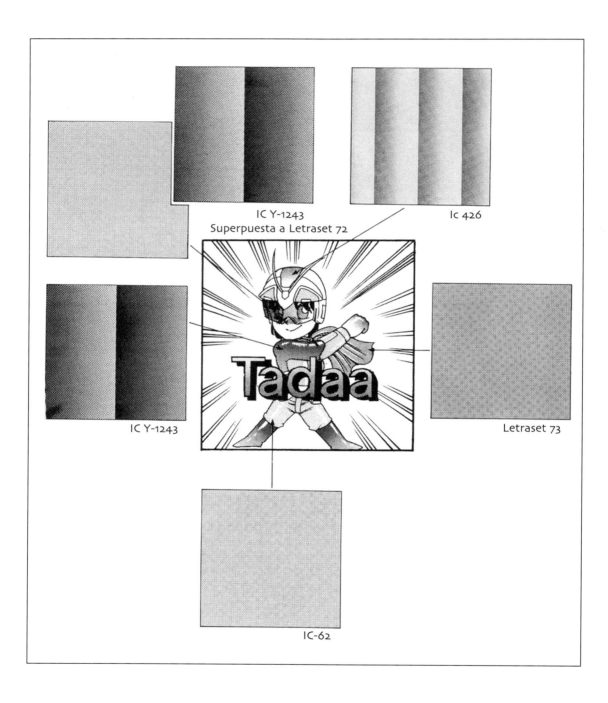

IC Y-1243
Superpuesta a Letraset 72

Ic 426

IC Y-1243

Letraset 73

IC-62

CREAR PERSONAJES

Vamos a definir la personalidad y el carácter.

1. Lo primero es decidir el género.

En un cuaderno, apuntamos los aspectos interesantes que pueda tener el personaje y probamos algunas posturas para definirlo mejor.

2. El segundo paso será esbozar el protagonista y darle un perfil.

Edad 16, estudiante de secundaria.
La acción transcurre en el instituto.

Características:
• Peleón — complexión robusta.
• Activo — con lo cual, mal estudiante.

No le gusta (punto débil):
• Estudiar/perros — es un chico con una pinta que da miedo, le gusta buscar pelea y le dan miedo los perros. ¡¡Interesante!!

Le gusta (palabras o expresiones):
• Entrenar — aplica un entrenamiento a cada ocasión. Su carácter es como un géiser. Grupo sanguíneo, ¿B?

Rasgo más destacado:
• Grandote, cara de pocos amigos, buen luchador, siempre con gamberros.

Carácter:
• Grupo sanguíneo B, tipo de persona que no puede andar y mascar chicle al mismo tiempo.

- El protagonista no se considera un gamberro.
- Género, comedia romántica y tema "Quiero que seas mi chica".
- Quién es la chica que le gusta.
- Por qué le gusta esa chica.

A veces se puede partir de un personaje que no es el principal y sacar los detalles del protagonista a partir de este perfil.

Edad 16, estudiante.
Se le da bien estudiar, le encantan los perros.
Siempre va con un bulldog antipático.
Pareja: ¿chico que odie los perros?

Y en cuanto estén definidos los personajes principales, se piensa en los que puedan oponerse a ellos.
Cuando se tenga una idea de los antagonistas, se puede proceder a inventar la historia (ver "El argumento").

También podemos inspirarnos en personas de nuestro entorno para crear personajes.

Es una buena idea mirarnos a nosotros mismos objetivamente.

JE, JE, QUÉ RARITO QUE ES.

SERÁ... GRRR

También podemos representarnos a nosotros mismos, o basarnos en algún rasgo de alguna persona de nuestro alrededor, y exagerarlo para adaptarlo al manga.

LA HISTORIA DEFINE LOS PERSONAJES

Muchos dibujantes deciden qué historia narrar a partir de una experiencia, una anécdota o una vivencia propia. Posiblemente la mayoría.

¡¡PERVERTIDO!!

PLAS

Si éste es vuestro caso, empezad por escribir en líneas generales lo que ocurrió y el motivo de aquello que queráis narrar.

Diseñad un guión. A medida que escribáis, os vendrán más ideas a la cabeza.

Se os ocurrirán escenas divertidas, apasionadas... Cread entonces personajes que se ajusten a esas escenas.

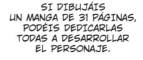

SI DIBUJÁIS UN MANGA DE 31 PÁGINAS, PODÉIS DEDICARLAS TODAS A DESARROLLAR EL PERSONAJE.

A medida que se desarrolle vuestro personaje, podéis redefinir el guión para expresar mejor los sentimientos del protagonista, y al mismo tiempo podéis intentar escribir diálogos concretos. Consultad la sección de "El argumento".

UN PERSONAJE, UNA PERSONALIDAD

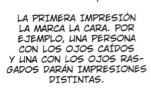

LA PRIMERA IMPRESIÓN LA MARCA LA CARA. POR EJEMPLO, UNA PERSONA CON LOS OJOS CAÍDOS Y UNA CON LOS OJOS RASGADOS DARÁN IMPRESIONES DISTINTAS.

ADEMÁS DE LA FISONOMÍA, LA FORMA DE LA CEJA, EL TAMAÑO DE LA NARIZ Y DEMÁS RASGOS AFECTARÁN EL ASPECTO GENERAL DEL PERSONAJE. VAMOS A APLICAR ESTO A LA PRÁCTICA.

CARÁCTER FUERTE

- Serios y aplicados.
- La fuerza de voluntad se expresa mediante las cejas, firmes y oblicuas.
- Los labios apretados, en forma de V invertida.
- Las chicas se pueden dibujar con una media melena que se pueda recoger en la nuca.

Este personaje es uno de los buenos, pero la expresión con los labios apretados y las cejas da la impresión de una gran determinación y una voluntad de hierro.

FRÍOS Y CALCULADORES

- Esta categoría tiene distintos matices: el artístico, el cruel, el delicado y el orgulloso.
- Las cejas finas dan feminidad y delicadeza al personaje.
- Los ojos rasgados dan un aire de belleza.
- La nariz recta. Se dice de los que tienen la nariz larga son más orgullosos.
- El cuerpo es más bien delgado.
- El pelo está dividido en mechones (3 a 7), típico pelo de personajes inteligentes.

Las gafas dan mucho juego, pero cuidado con la forma de la montura. Puede cambiar por completo la expresión.

DESENFADADOS

- El tipo desenfadado presenta un aire muy masculino, y son todo lo opuesto al tipo tranquilo y reflexivo.
  No le importa la apariencia, y no se preocupa por tonterías.
  - El desenfadado tiene una complexión robusta. Se puede indicar que son fuertes acentuando la mandíbula inferior.
    - Si se dibuja la boca grande, da la impresión de que el carácter del personaje es abierto, extrovertido. Si la boca es más pequeña, el personaje será más femenino.
- Este tipo de personaje no se preocupa por el pelo tampoco, así que se puede dibujar algo original.

Un personaje desenfadado y a la vez reflexivo es una idea interesante.

SIMPÁTICOS Y GRACIOSOS

- A este tipo de personaje le va el pelo corto o recogido.
- Los ojos, cuanto más grandes mejor.
- Las proporciones faciales se acercan a las de los niños.
- Dibujando la nariz pequeña se les da un aspecto simpático.
- Cuantas más expresiones tengan, mejor.
- Se les pueden poner lazos u otros adornos.

AMABLES

- Siempre sonrientes.
- Las cejas juntas les darán más fuerza, si las tienen separadas, tendrán un aire tranquilo.
- Los ojos alargados y caídos dan un aspecto amable.
- El cabello largo otorga tranquilidad e inteligencia.
- Las caras redondas también dan la sensación de tranquilidad.

TÍMIDOS

- Son más delicados que guapos.
- Cuando la tranquilidad de los personajes de tipo amable se dibuja con cierto matiz, éstos pasan a ser tímidos.
- No hace falta decir que la sonrisa en este tipo de personaje quedará como indecisión o falta de confianza.
- La timidez o falta de confianza se puede expresar mediante un cabello que destaque más que el rostro.

AMBICIOSOS Y EGOÍSTAS

- Son como los decididos, pero muy orgullosos, como niños mimados.
- Los ojos suelen ser un poco rasgados y ascendentes. No es difícil de conseguir.
- Las chicas tipo princesa pueden tener una preciosa melena rizada.
- Para dibujar una mujer activa que no sea tipo princesa, le añadiremos un bronceado.

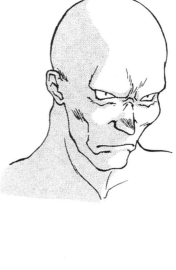

MALOS

- Como los que veis en la ilustración, tienen los ojos triangulares y la mayor parte es blanca. Los ojos rasgados les darán un aire astuto.
- Las cabezas calvas y/o los rostros sin cejas dan un aire siniestro.

LA FORMA DEL CUERPO

Cada cuerpo va unido a una imagen.

Un personaje alto no da la impresión de ser muy rápido de movimientos.

Los personajes pequeños dan una sensación de agilidad.

Los gordos no concuerdan con el carácter deportivo.

Teniendo en cuenta esto, le daremos una personalidad y un aspecto determinados a nuestro personaje. También se puede aprovechar una imagen a la inversa y crear un personaje gordo que sea ágil.

En los mangas de lucha y de acción, una estructura corporal endeble puede ser un aspecto del que extraer dramatismo. Si se va a dibujar un manga de deportes, es indispensable dominar las formas del cuerpo.

LA INDUMENTARIA

Una de las primeras impresiones que causa un personaje suele estar basada en la ropa. El estilo al vestir tiene que ser acorde al carácter del personaje.

Sin cuello

Aun con uniforme escolar se puede expresar un carácter. Cada cual debe crear su propia imagen para cada estilo.

Zapato de vestir

Zapatillas

Mocasines

Pelo teñido

Los zapatos también indican preferencias de indumentaria.

Minifalda

Calcetines largos holgados

Podemos inspirarnos en las personas que nos rodean e intentar relacionar su forma de vestir con su carácter.

La forma de vestir indica diferentes formas de ser y de sentir.

Con ver la ropa que lleva puesta una persona, podemos hacernos una idea de su forma de actuar. A la hora de vestir a nuestros personajes, hay que pensar bien en su vida diaria y darles un estilo que corresponda a su carácter.

LOS COMPLEMENTOS

La forma de hablar, los gestos, los accesorios y la decoración de sus casas son aspectos que reflejan la personalidad y el carácter y ayudan a conocer a los personajes.

> OOOH, ENCANTADA DE CONOCERTE.

> ¿QUÉ TAL?

> HOLAAA.

Cuando oímos hablar a una persona percibimos no sólo su carácter sino también qué clase de educación ha recibido. Por ejemplo, las chicas que no tienen una manera muy fina de hablar, probablemente han crecido entre hombres y su carácter es más abierto.

JI JI JI

JA JA JA

UAH JUA JUA JUA

Imaginemos una escena donde los personajes miran la tele y se ríen. La forma de reír también caracteriza a las personas.

> ¿QUE POR QUÉ MOCHILA?

> PUES PORQUE ES LO MÁS CÓMODO QUE HAY.

> PORQUE NOS LO MANDAN EN EL COLEGIO.

> PORQUE ES UN HERMES AUTÉNTICO.

Los accesorios y complementos también nos dan pistas sobre los gustos de cada cual.

Las personalidades también se ven reflejadas en la forma de organizar el entorno de cada personaje, en las cosas que poseen y en cómo están colocadas. Por ejemplo, un personaje que vista con dejadez, probablemente vivirá en un lugar desordenado.

Resulta que es una energúmena cuando se enfada.

JO, QUÉ BUENO ESTÁ.

Merchandising

Resulta que es una otaku.

Resulta que le encanta la ceremonia del té, el ikebana y cocinar.

Pero las personas tienen posibilidades infinitas y pueden tener facetas imprevisibles. Podemos incluir características contradictorias con su imagen, para bien o para mal, lo que contribuirá a hacer el personaje más humano.

PLASMAR EMOCIONES

Las emociones no sólo se reflejan en el rostro, sino también en el cuerpo. Hay que analizar los sentimientos que se tienen en cada momento, y plasmarlos en el personaje que dibujamos.

Cuando estamos contentos o animados, bailamos y saltamos.

O tarareamos una canción.

O lo expresamos con un gesto como éste.

Los personajes pueden tener gestos para resaltar la expresión de sus emociones.

De este modo se marca más el carácter.

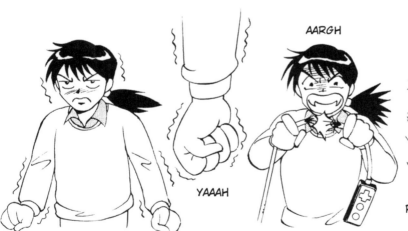

El cuerpo entra en tensión cuando nos enfadamos.

Los puños apretados indican que se está reprimiendo esa tensión a causa del enfado o disgusto.

Se pueden utilizar objetos para resaltar las expresiones.

Con la tristeza, el cuerpo flojea.

Le flaquean las fuerzas y se apoya en la pared.

O esconde la cabeza entre los brazos.

O llora sobre el suelo.

Con el miedo, el cuerpo se queda inmóvil.

Sentimos que se paralizan los músculos.

Una técnica muy efectiva es mostrar unas piernas temblorosas o un nudo en la garganta.

Para expresar desaprobación, se puede dibujar el personaje desde abajo, lo que le da un aire de desprecio.

Cuando nos abstraemos en una actividad, se nos olvida todo lo demás y metemos la pata.

Mirar desde abajo da un aire sumiso, transmite la voluntad de caer bien, y puede ser un intento de explorar los sentimientos del otro.

LOS FONDOS

Se puede transmitir un estado de ánimo a través de la luz, las sombras y otros efectos de fondo.

Éste representa la idea de fulgor.

El conjunto de rayos de sol y flores transmite un sentimiento de alivio y satisfacción.

Aquí la luz brilla más.

Los fondos de puntos dan un aire de serenidad.

Ésta es una imagen de alegría y triunfo. Los fondos divertidos son un recurso muy efectivo.

Un fondo como éste puede transmitir una sensación de ansiedad y sospecha.

Las llamas de fondo indican furia.

Este tipo de fondo expresa muy bien las impresiones fuertes y los estados de shock.

El juego de luz y sombra es un importante medio de transmitir una atmósfera concreta o un estado de ánimo.

En función de la intensidad de las líneas de concentración expresamos sensaciones diferentes, pero siempre se emplean para señalar un punto de atención, velocidad, etc.

Las líneas de velocidad pueden marcar una emoción fuerte e intensa. Hay múltiples formas de emplearlas.

Las líneas curvas de velocidad intensifican el movimiento. También se pueden emplear para expresar emociones intensas y fuerza.

Pero esto son sólo ejemplos. Cada dibujante tiene su estilo, de manera que lo ideal es inspirarse en otros mangas, extraer la idea y el ambiente y practicar sobre ello.

La concentración de luz en un punto indica una visión, un pensamiento que se dibuja súbitamente en la mente.

Las olas o imágenes alegóricas indican fuerte energía positiva, o determinación.

Es muy efectivo incluir en los fondos objetos o decorados que recalquen la emoción que queremos representar.

Ejemplo:
ALEGRÍA ➡ rayos de sol, brisa primaveral, pétalos de flores, luz.
FURIA ➡ viento de tempestad, truenos, fuego.
TRISTEZA ➡ lluvia, nubes, crepúsculo, otoño, hojas secas.

Las imágenes tomadas de la naturaleza tienen una fuerza sorprendente. También es muy efectivo emplear imágenes muy conocidas o cementerios, etc. Para dar más intensidad al ambiente que queremos crear.

Con el permiso de Munch, autor de *El grito*.

Las onomatopeyas son esenciales.
En estas dos viñetas tenemos la misma onomatopeya, pero el efecto es diferente por la forma en que están dibujadas las letras.

Los efectos de sonido u onomatopeyas no sólo expresan emociones, sino también movimientos, velocidad y fuerza.

Las onomatopeyas son una de las partes más interesantes del dibujo, debido a la gran gama de posibilidades que ofrecen.

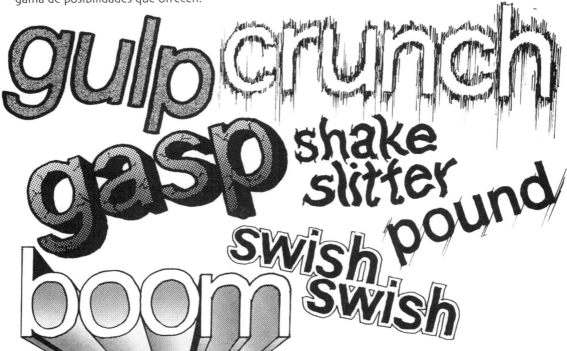

RESUMEN

LOS PUNTOS A RECORDAR DE ESTE CAPÍTULO SON CÓMO EXPRESAR EL CARÁCTER DE LOS PERSONAJES MEDIANTE SUS PUNTOS DÉBILES O CARACTERÍSTICAS ESPECIALES. ¿HA QUEDADO CLARO?

NOSOTROS HEMOS TOMADO COMO EJEMPLO A UN PROTAGONISTA CON MIEDO A LOS PERROS.

ARF
ARF

GUAU GUAU

SI NO, VOLVED A LA PÁGINA 88 Y REVISAD LA PARTE DE LA HISTORIA (INTRODUCCIÓN, DESARROLLO, CLÍMAX Y DESENLACE).

RECORDAD QUE LOS PUNTOS DÉBILES DEL PROTAGONISTA...

...PUEDEN SER UNA BUENA BAZA PARA LOS "MALOS".

JUGAD CON FACTORES IMPREVISIBLES DEL PERSONAJE PRINCIPAL.

HAY MUCHAS POSIBILIDADES.

JA
JA
JA

Peluche

GUAU GUAU

Se llama clímax a la escena en la que el protagonista se enfrenta a un fracaso y está estancado. Así se cuenta una historia.

ME GUSTAS.

NO ERES MI TIPO.

¿¿CÓMO TE ATREVES A RECHAZARME??

GRRRR

HAZME TUYO.

BUENO, PUES ESTO HA SIDO TODO DE MOMENTO.

A TRAVÉS DE ESTAS PÁGINAS HEMOS TRATADO LO MÁS BÁSICO DE CÓMO DIBUJAR EL CUERPO HUMANO Y CÓMO HACER UN MANGA.

¿OS HABÉIS ENTERADO MÁS O MENOS? NO SÉ YO...

ESO ÚLTIMO DE LA CABEZA...

ESPERAMOS QUE ESTE LIBRO OS SEA ÚTIL COMO INTRODUCCIÓN...

Y QUE OS AYUDE A CREAR HISTORIAS DIVERTIDAS, QUE ES LO QUE CUENTA.

¡HASTA PRONTO!

NOS VEMOS EN LOS SIGUIENTES VOLÚMENES. ¡OS ESPERAMOS!

GLOSARIO
DE TÉRMINOS RELATIVOS AL MANGA

Ángulo: perspectiva desde la cual se dibuja.

Argumento: lo que ocurre. Se suele escribir la trama como un resumen de la historia.

Bocadillo: globo donde se escribe el diálogo.

Borrador: dibujo esquemático y orientativo de una página o viñeta.

Cortar y pegar: técnica para corregir fallos, que consiste en pegar encima del error un nuevo dibujo correcto.

Dar blanco: corregir errores o destacar zonas con pintura blanca.

Degradado: un tipo de trama que va de un tono a otro más claro.

Diálogo: el texto que va en los bocadillos. Se escribe cuando ya se ha decidido cómo organizar las viñetas.

Distribución: composición del ángulo, los personajes y el fondo.

Entintar: pasar a tinta (con rotulador, plumilla o pincel) un dibujo a lápiz.

Esquema o croquis: base para definir el guión, las viñetas y el diálogo.

Fecha de entrega o fecha tope: día en que se ha de tener terminado el trabajo.

Guión: la historia escrita viñeta por viñeta esquemáticamente.

Líneas cinéticas: líneas que expresan el movimiento de los personajes, o recalcan emociones.

Margen: línea que delimita una viñeta.

Moaré: efecto que se consigue solapando dos tramas de puntos.

Onomatopeya: efectos de sonido que el dibujante dibuja a mano.

Plantilla: regla con perforaciones en forma circular y oval que permite dibujar estas figuras fácilmente.

Tramas: Hojas adhesivas muy finas con estampados de puntos, de rayas, tipo arena o degradados, u otros motivos que se emplean para una gran variedad de ocasiones.

Viñeta: dibujo habitualmente enmarcado en un recuadro.